体育赛事管理实务

国家体育总局科教司　组编

李致富　主编

中国教育出版传媒集团

高等教育出版社·北京

内容简介

　　本书为国家体育总局科教司组织编写的新时代高等职业学校体育专业教材。本书紧密围绕《职业教育专业简介（2022年修订）》《高等职业学校体育运营与管理专业教学标准》，以培养体育运营与管理专业学生对于体育赛事管理的实际操作能力为重点，结合案例分析，构架"知识—实训"的教学模式，将传授理论知识与提升职业能力相结合，同时有机体现本课程素养目标。本书主要内容包括体育赛事概述、体育赛事管理阶段、体育赛事计划、体育赛事竞赛管理、体育赛事资金筹集与赞助开发、体育赛事营销、体育赛事风险管理、体育赛事评估等。

　　本书既可以作为高等职业学校体育运营与管理专业核心课程教材，也可以作为其他体育专业体育赛事管理课程教材，还可以作为体育赛事管理从业人员的学习资料。

图书在版编目（ＣＩＰ）数据

　　体育赛事管理实务 / 国家体育总局科教司组编 ； 李致富主编. -- 北京 ： 高等教育出版社，2024.5
　　ISBN 978-7-04-060074-2

　　Ⅰ．①体… Ⅱ．①国… ②李… Ⅲ．①运动竞赛-组织管理 Ⅳ．①G808.22

　　中国国家版本馆CIP数据核字(2023)第036893号

体育赛事管理实务
Tiyu Saishi Guanli Shiwu

| 策划编辑 | 易星辛 | 责任编辑 | 易星辛 | | 封面设计 | 裴一丹 | 版式设计 | 于　婕 |
| 责任绘图 | 邓　超 | 责任校对 | 任　纳　高　歌 | | 责任印制 | 耿　轩 | | |

出版发行	高等教育出版社		网　　　址	http://www.hep.edu.cn
社　　址	北京市西城区德外大街4号			http://www.hep.com.cn
邮政编码	100120		网上订购	http://www.hepmall.com.cn
印　　刷	山东韵杰文化科技有限公司			http://www.hepmall.com
开　　本	787mm×960mm　1/16			http://www.hepmall.cn
印　　张	12.75			
字　　数	200千字		版　　次	2024年5月第1版
购书热线	010-58581118		印　　次	2024年5月第1次印刷
咨询电话	400-810-0598		定　　价	30.50元

本书如有缺页、倒页、脱页等质量问题，请到所购图书销售部门联系调换
版权所有　侵权必究
物 料 号　60074-00

本书编写人员

主　　编：李致富

副 主 编：刘　伟　王井明

参编人员：李致富　王井明　王婷婷　刘　伟
　　　　　刘鸣鸣　张慧婕　彭文军　王　芳

编写说明

党的二十大报告提出，"促进群众体育和竞技体育全面发展，加快建设体育强国"。体育产业的发展是建设体育强国的重要标志和内容之一，体育赛事是体育产业的重要组成部分，是体育产业发展的基石。积极发展体育赛事、打造品牌赛事是推进体育产业发展的重点内容。近年来，随着北京冬季奥运会、北京夏季奥运会、广州亚运会以及F1中国大奖赛、上海网球大师赛等世界大赛在我国成功举办，我国体育赛事有了飞速的发展。而承办体育赛事带来的注意力经济及相关产业发展，使得体育赛事管理成为政府、社会和企业关注的热点。由此，我国体育赛事管理实践和理论有了新发展，这对体育专业人才培养也提出了新要求。2019年，"体育赛事管理实务"被列为高等职业学校体育运营与管理专业的核心课程，这为培养体育赛事管理人才创设了条件。

为贯彻落实《中华人民共和国职业教育法》《关于深化现代职业教育体系建设改革的意见》等文件精神，依据《职业教育专业简介（2022年修订）》《高等职业学校体育运营与管理专业教学标准》等文件要求，紧扣高等职业学校体育运营与管理专业人才培养目标，构架本书内容，力图体现以下特色：

1. 突出知识、能力、素养相融合，构建"理论＋案例"双线组织单元结构

本书注重将体育赛事的基本运行规律和社会主义市场经济发展相融合，同时重视学生的思想道德教育和法治教育，引导学生树立正确的世界观、人生观和价值观，形成良好的职业素养。在本书编写中，突出双线组织的理念，力求体育赛事管理理论和体育赛事实务案例双线结合，突出体育赛事管理的理论性和实践性。

2. 重视培养创新意识，实现两个课堂协同育人

教材编写有机融入案例，通过案例启发学生的创新意识，突出"互联网＋教育"背景下体育赛事管理理念与实践的创新运用。同时，通过赛事模拟组织和案例讨论等课堂仿真练习，提高学生的体育赛事管理实操能力，实现第一课堂与第二课堂协同育人。

3. 注重教学适用，遵循以生为本原则

在编写、选取具体内容和案例时，遵循高等职业学校体育类专业学生的学习特点和认知规律，在内容安排上遵循先理论后实践、先易后难、循序渐进的原则，将基本理论、基本知识的讲解与体育赛事管理实务运作分析过程结合起来，在传授知识的同时，培养学生的观察能力、分析问题能力，启发学生思维，掌握实际工作过程与方法。

4. 融入数字教育理念，打造新形态教学资源

在教材展现形态上，本书在相关知识点旁设置了二维码，学生扫描二维码便可获取拓展阅读、案例等数字资源，使教材可视、可听、可练。通过这种方式不仅加深了学生的阅读体验，还极大地拓展了教材的广度与深度，促进了纸质媒介和数字资源的融通，从而增强了教材的实用性。

本教材由李致富主编，具体分工如下：第一章，李致富；第二章，王井明；第三章，王婷婷，第四章，刘伟；第五章，张慧婕；第六章，刘鸣鸣；第七章，彭文军；第八章，王芳。全书由李致富、刘伟统稿。

在编写过程中，编写组参阅了国内外体育赛事管理实务的许多研究成果，在此表示感谢。衷心感谢国家体育总局科教司、全国体育职业教育教学指导委员会的指导和支持；感谢高等教育出版社体育分社易星辛和李淼，她们严谨细致、踏实负责、精益求精的工作态度让我们感动。

由于时间仓促、水平有限，加之体育赛事管理仍在不断发展完善中，书中难免存在不足之处，恳请广大读者批评指正。

编写组

2024 年 3 月

目 录

第一章

体育赛事概述

本章导言

近年来，我国体育赛事规模不断扩大，赛事体系不断完善，体育消费持续增长，体育竞赛表演业步入了发展的快车道，逐渐成为推动体育产业向纵深发展和建设健康中国的重要驱动力。体育类专业学生需要学习并理解体育赛事管理的基础知识，为具体操作和实践奠定基础。本章内容主要包括体育赛事的起源和发展，体育赛事定义、特征及分类，我国体育赛事的发展历程等。

知识目标

1. 掌握体育赛事的起源与发展。
2. 掌握体育赛事的定义、特征及分类。
3. 了解我国体育赛事的发展历程与现状。

能力目标

1. 能够把握不同类别体育赛事的特征。
2. 能够运用所学知识判断不同类别体育赛事管理的要点。

素养目标

1. 通过学习体育赛事的起源和发展，以及体育赛事的定义、特征及分类，培养严谨的学术思维。
2. 通过学习我国体育赛事的发展历程，培养爱国情怀，增强从业自信。

第一节　体育赛事的起源与发展

体育赛事是人类文明的产物，伴随着人类社会的发展而逐步完善。从原生态、古朴的体育活动到全球瞩目的现代奥林匹克运动会，再到当今种类繁多的体育赛事体系，体育赛事的本质和形式发生了变化，体育赛事的内容、功能和组织管理方式也有了很大的变化。

一、体育赛事的起源——祭祀活动

在早期的人类社会实践中，劳动是适应生存环境、获取劳动成果、赢得社会地位的主要方式。在恶劣的自然环境下，人类的生产活动孕育着最初的竞争与对抗意识，这为体育赛事的产生奠定了思想基础。早期人类本能的攻击动作、防卫动作以及掌握有效武器的经验，由此产生的短距离跑、跳跃、舞蹈和投掷等运动，这为体育赛事的产生提供了项目基础。据记载，在公元前 2700 年我国已出现徒手武术，埃及、亚述、克里特岛等地有弓箭、跳远和球类比赛。但这时候的运动通常是宗教仪式的内容。古希腊时代，由于古希腊人注重身体活动，体育运动甚至成为一种崇高的活动。希腊诗人荷马在公元前 8 世纪的文学作品《伊利亚特》中说道："阿奇里斯为了纪念在特洛伊战争中死亡的朋友巴托勒，特别举行了一场体育竞赛"，这是有关体育比赛最早的记载。

具有人类文明意义的体育运动可以追溯到古希腊的奥林匹克运动会和东方文明中的某些竞技活动。早期的人类体育运动缺乏独立意义，依附于宗教仪式而存在。古希腊人信奉多神教，每逢重大的祭祀节日，各城邦都会举行盛大的宗教集会，以唱歌、舞蹈和竞技等方式来表达对诸神的敬意。宙斯是众神之首，所以对宙斯的祭祀最为隆重。这一重大宗教活动直接催生了古代奥运会，并持续绵延了 1169 年。古代奥运会举办期间，各城邦神圣休战，渴望和平，远离战争。从此，和平愿景成为奥林匹克运动会永恒的主题和精神元素。以祭祀万神之王宙斯的古代奥运会大大超出了竞技比赛的范畴，它是古希腊宗教、政治、经济和文化的重要组成部分。我国西周时代的礼射活动是一种祭典竞技活动，它组织周密、秩序严格、开展广泛等特点都不亚于古代奥运会，这些都对体育

拓展阅读：
古代奥运会

3

赛事的发展具有重要影响。

　　由此可见，体育赛事是在战争背景和祭祀形式中产生的。

二、体育赛事的萌芽——体育游戏

　　早期的体育运动竞赛项目是以游戏的形式出现的，具有从宗教意义的神圣活动向世俗意义的娱乐活动过渡的性质。例如，公元前 3 世纪，流行一种叫作"哈帕斯托姆"的游戏。1066 年，该游戏传入英国。1490 年，该游戏正式定名为足球。1863 年，现代足球运动在英国诞生。早在我国战国时期，"蹴鞠"或"踏鞠"在军队和民间广为流行，当时是练兵和娱乐的方式。又如，篮球是 1891 年由美国马萨诸塞州体育教师詹姆斯·奈史密斯博士发明的。当时冬天又长又冷，学生没有什么可玩的，操场上覆盖了厚厚的积雪。詹姆斯想发明一种什么新游戏呢？这种游戏必须在室内进行，又需要人们通过快速的移动来组织进攻；既不能占用太大空间，又要训练学生的传送和投掷能力，以便为来年的橄榄球比赛做准备。起初，詹姆斯将两只桃篮钉在健身房内看台的栏杆上，桃篮上沿距离地面 3.04 米，用足球做比赛工具，向篮投掷。投球入篮得 1 分，按得分多少决定胜负。每次投球进篮后，要爬梯子将球取出再重新开始比赛。后来逐步将桃篮改为活底的铁篮，再改为铁圈下面挂网。由于游戏使用的主要器材是篮和球，故称"篮球"。再如，跨栏跑起源于英国，由牧羊人跨越羊圈栅栏的游戏演变而来；乒乓球是由餐桌上的游戏演变来的。

　　体育游戏是在一些简单的规则和形式下开展的活动，具备了运动竞赛的原始形态。虽然在这个阶段，以游戏形式呈现的运动项目内容简单，规则单一，组织不够完善，但这一阶段较前一阶段相比有了很大的进步，在本质上发生了明显的改变，为体育赛事的进一步演进和发展打下了坚实基础。

三、体育赛事的传统形式——体育竞赛

　　由于体育运动项目的游戏性和趣味性较强，人们广泛参与其中。人们在原有基础上发展运动内容、改革比赛方式、制定比赛规则，运动项目逐渐发展并完善。体育赛事从而逐步从萌芽阶段的体育游戏，过渡到它的传统形式——体育竞赛。

　　相比体育游戏，体育竞赛的运动项目内容更完善，规则体系更严密，竞赛方法更合理。体育竞赛是在统一的规则下，采用公平合理的竞赛方

法，运用体能、智慧及从事该项运动的技战术能力，按特定的形式进行竞技活动的过程。它主要比较位移速度的快与慢，投掷物体和跨越距离的远与近，越过高度的高与低，举起重量的大与小，以及在直接对抗或间接对抗的情况下比完成动作质量的优与劣、准确度的精与误、最后得分的多与少等。

传统形式的体育竞赛一般由参赛活动人群（运动员、教练员、裁判员与组织管理人员等）、场地物质条件（满足竞赛需求的场地与器材）及比赛组织管理三个基本系统组成。赛事组织者往往只关注运动员、教练员、裁判员等竞赛活动主体，只关注单纯意义上的竞赛活动本身，对竞赛活动以外的涉及经济、文化、社会等方面关注较少。当然，这一点也是有客观原因的，主要受社会生产力发展低下以及物质与精神生活贫乏的社会环境制约，也与体育赛事本身的影响力难以"溢出"竞赛范围有直接关系。

四、体育赛事的现代形式——特殊事件

20 世纪以来，体育赛事的发展呈现出井喷式。自 1984 年美国洛杉矶奥运会首创奥运会商业运作的"私营模式"以来，商业营销成为体育赛事管理极其重要的内容。近年来，信息技术、网络技术、大数据与人工智能的发展，赋予了体育赛事新的命题。由此，体育赛事的内涵和外延被重构。体育赛事再也不是纯粹由运动员、教练员、裁判员参与的活动，而观众、媒体、赞助商、主办社区、赛事工作团队等也成为体育赛事的重要利益相关者。体育竞赛发展成为受多因素影响的复杂的、综合的特殊事件。此时，体育赛事具备以下属性：① 以运动竞赛为核心要素，提供竞赛产品和服务产品；② 具有计划、组织、控制与协调赛事的一次性项目管理特征；③ 受竞赛规则、传统习俗等多种因素的影响；④ 具有潜在的市场前景；⑤ 共同的组织文化背景引导和联结参与者与观众；⑥ 要求有不同的管理者、参与者，如运作管理者、门票销售管理者、市场营销者、人事管理者、协调管理者、工程师、办公人员、媒体与公关协调员、供应商和零售商等进行团队工作。

体育赛事已经发展成为一种提供竞赛产品和相关服务产品的特殊事件，对提升举办地知名度、改善城市形象发挥重要作用，还能够对举办地的经济、社会、环境等方面产生影响。

第二节　体育赛事的定义、特征与分类

　　体育赛事是随着社会发展而形成并发展起来的，近年来，体育赛事已逐渐跳出单一的体育范畴，其内容、形式、特征等方面都在不断地发生变化。因此，精准把握体育赛事的定义、特征，继而进行科学、合理分类，从中梳理出体育赛事的一般规律及特点，是研究体育赛事的前提和基础。

一、体育赛事的定义

　　从词源上讲，体育赛事这一概念来源于欧美国家，英语为"sports events"。从体育赛事的产生与发展可以看出，体育赛事的定义随着人们认识的变化而不断演变。

（一）从运动竞赛角度定义

　　国内最早研究的是运动竞赛的概念。体育赛事的概念是从"运动竞赛"演变而来的，因此，要给体育赛事下定义，首先需要弄清楚"运动竞赛"是什么。田麦久认为，运动竞赛是指"在裁判员主持下，按统一的规则要求，组织与实施的运动员个体或运动队之间的竞技较量"；《运动竞赛学》（国家体委训练竞赛综合司，1994）一书中指出"运动竞赛是在裁判员主持下，依据统一的规则而组织与实施的运动员个体或运动队之间的竞技较量"。"运动竞赛"的定义都突出了以体育竞技为核心的特点，构成了现代体育赛事的思维起点。以上定义没有超出赛场的范围，没有从运动竞赛的社会效益、经济效益和综合效益去论述；对于运动竞赛的定义主要体现在竞技体育比赛的层面。

（二）从项目管理角度定义

　　随着社区、观众、媒体、赞助商等赛事利益相关者的介入，体育赛事被赋予的目标越来越多元化了。这时体育竞赛的项目化特征就越发明显，很多学者便从项目管理的角度对其进行定义，而且更多地被称为"体育赛事"。如曹有培认为"体育赛事指由特定的组织团体，透过有计划的筹备、营造、管理，在特定的时间、地点集合个人或团队，以达成预期目

标和宗旨，并集一项或以上的运动，依循各种运动规则，举行比赛，各种单项的运动比赛和综合性运动会皆涵盖其中"；还有学者认为"体育赛事是以体育比赛为核心的一系列活动的总称，是一项复杂的社会活动，它不仅涉及门票促销、运动员包装、媒体推广、赞助与广告策划、标志品开发等众多活动，还包括体育比赛的筹备、规划、实施、控制及收尾等各项活动"。从项目管理角度给体育赛事所下的定义强调了体育赛事管理中科学化的管理和筹备过程。根据这一定义，体育赛事除了具有项目性和竞赛性属性，还具有文化性、复杂性、目标多样性以及市场产品性等属性。上述定义将体育赛事单纯地看作一个项目，尚没体现体育赛事的特殊性与影响力。

（三）从特殊事件角度定义

国外学者对体育赛事的认识主要集中在特殊事件的范畴，并从特殊事件的视角认识体育赛事。特殊事件范围广泛，包括大型会议、娱乐活动、展览与会展、宗教典礼、传统仪式、体育赛事、文艺表演等各种形式的活动，而体育赛事则是其中一种很重要的形式。国外学者对特殊事件的研究起步较早，目前该领域的研究已经基本趋于成熟，并有专门的学科理论体系。国际上还有专门的事件管理科学协会和互联网站，如国际节日和事件协会（International Festival and Events Association）。比较有代表性的定义是Johnny Allen 等对特殊事件表述为："术语'特殊事件'用来描述特别的仪式、表达、表演或庆典，其被有意识地计划产生以标志特殊的场合，或取得独特的社会、文化或团体的目的和目标。"此定义基本体现了特殊事件的诸多共性特征，特殊事件可以应用于多种情况，从奥运会到社区野营烧烤，从国际性樱桃食品比赛到青少年文化展会等统称为特殊事件。由于特殊事件领域广泛，它难以反映出所有不同类别特殊事件的个性特征。因此，在上述定义中，体育赛事的个性特征并不明显。体育赛事是以体育竞赛为核心的系列活动，并不等同于体育竞赛本身，因此也不能完全理解为特殊事件。

从体育赛事概念的演变看出，不同阶段人们对体育赛事的认识是不同的。体育赛事的定义不仅要考虑体育赛事是以体育竞技活动为核心，还要体现体育赛事包含的时代特征，以及体育赛事的经济性、文化性和社会性等特点。因此，本书将体育赛事定义为：在竞赛规程、规则的约定下，以体育竞技为主题，具有项目管理特征、组织文化背景和市场潜力，能够提供竞赛产品和相关服务产品的集众性活动。

二、体育赛事的特征

体育赛事的规模和形式受到社会发展的制约和影响，与社会经济、文化等领域有密切联系，体育赛事的形式和内容呈现出以下特征：

（一）竞赛性

体育赛事的竞赛性是区别于其他特殊事件的独特内容。体育赛事的竞技性也决定了其关注度和市场价值。体育赛事的竞赛性通过其竞争性、公平性、公开性、观赏性、结果的不确定性来呈现，通过比赛选手的竞技过程和结果来达到赛事举办的竞赛核心目的，体育赛事组织者围绕竞赛主题运作，利用成功竞赛达到其他目的，如推广、市场营销、公关等。

（二）文化性

体育赛事是一种社会文化现象，具有一定的文化内涵。就体育赛事本身而言，每一项运动的发展都体现着人类文化的发展，无论经典体育赛事，还是具有当地特色的传统体育精品赛事，都透射着人类发展的文化元素。从赛事的礼仪规范来说，如奥运会颁奖仪式上升国旗、奏国歌，球类项目交换队旗，拳击项目的击拳示好，跆拳道项目的赛前整理腰带等都隐含着文化属性。从赛事的主题活动来看，体育赛事在开幕式和主题活动中也传递着一定的文化特征，体育赛事举办方通过开幕式、闭幕式来展现举办城市或东道主文化，如2008年北京奥运会开幕式上中国文化的展示。

（三）项目性

体育赛事具有周期性，分为选择、确定、筹备、举办与收尾五个阶段。体育赛事具有明确的开始、运行及结束的过程属性，遵循一般项目管理的过程，符合项目的基本特性。项目管理具有明确的时间性、目标、资源配备、计划和实施等。申办体育赛事就可以看作是一个项目的开始。申办成功后就要按照项目的周期来划分阶段，明确工作任务和目标，制订详细计划，科学管理各方资源，最终顺利举办体育赛事。因此，体育赛事管理实质上就是项目管理，包括时间、成本、质量、人力资源、风险管理等方面。

（四）多元性

体育赛事提供的产品分为竞赛产品、服务产品和衍生产品等，具有多元性特征。竞赛产品是体育赛事的核心部分，对服务产品和衍生产品起着引领作用。竞赛产品是一种无形产品，主要由参赛运动员的竞技水平决定。一般来说，竞技水平越高，市场价值就越大，在门票销售、媒体转播等方面产生的价值就越大。服务产品是指围绕着体育赛事产生的以劳动的形式为他人提供服务的产品总称，主要包括餐饮、交通、旅游、信息服务等方面。衍生产品主要指围绕体育赛事产生的其他有形产品和无形产品，包括体育赛事主题活动、标志品的设计与销售等。

（五）外部性

所谓外部性是指一定的经济行为对外部的影响，从而造成私人（企业或个人）成本与社会成本、私人利益与社会利益之间相偏离的现象，包括正外部性和负外部性。体育赛事具有高度的集聚性，在体育赛事举办期间，大量的人流、物流、信息流和资金流会高度聚集，形成特有的集合效应。体育赛事的正外部性体现在对赛事举办地其他相关产业的拉动作用，对举办地知名度、美誉度的影响以及对举办地居民的积极影响等。体育赛事的负外部性也是不可忽视的，如赛事举办期间，举办地的犯罪率提高、交通堵塞、环境污染等。体育赛事的外部性也说明体育赛事的举办具有一定的风险，尤其是高水平体育赛事，会存在人员、财务、设备、环境、市场等方面的风险。

三、体育赛事的分类

对体育赛事进行分类，是认识体育赛事和进行体育赛事管理的重要前提。在对体育赛事的分类研究中，由于研究视角不同，体育赛事的分类标准并不统一，因此对体育赛事的分类也各不相同。

任何一项体育赛事都包括规模、水平和类别三类共同要素，三者有机结合，构成了具体赛事的全貌。体育赛事的规模反映了赛事在人力、物力、财力等方面的投入程度；体育赛事的水平反映了赛事的竞技能力、赛事质量、市场开发程度等。一般而言，综合性赛事周期长、规模大，运作管理难度大，单项顶级赛事周期短，水平高，管理难度相对较小。本书从体育赛事的性质、规模等方面对体育赛事进行分类。

（一）按照体育赛事的性质分类

按照体育赛事的性质，将体育赛事分为竞技体育赛事、职业体育赛事和社会体育赛事（表1-1）。竞技体育赛事以体育竞技为主要目的，旨在检查某一运动项目的开展情况和专项技术水平，促进该项运动技术水平的提高。职业体育赛事是职业运动员参加的，以竞技体育赛事的运作和推广为核心，通过赛事门票、广告、转播等方式在市场上吸引投资和获得商业收入的赛事。社会体育赛事是社会大众利用业余时间进行的以体育竞赛为主题内容，以健身娱乐、技能展示和交流为目的的集众性活动。近年来，随着全民健身上升为国家战略，《体育强国建设纲要》的颁布，我国社会体育赛事出现井喷态势，以马拉松为例，就有北京国际马拉松、"彩色跑"（The Color Run）、森林跑等赛事。

▶ 表1-1　按照体育赛事的性质分类

分类	特征	举例
竞技体育赛事	以体育竞技为目的	综合性运动会、单项锦标赛、冠军赛、选拔赛、邀请赛、通讯赛
职业体育赛事	职业化、商业化运作	美国职业篮球联赛、美国职业橄榄球大联盟、世界一级方程式锦标赛、网球大师杯、中国足球协会超级联赛
社会体育赛事	以体育竞赛为主题内容、以健身娱乐、技能展示和交流为目的的集众性活动，娱乐性、普及型、参与性强	北京国际马拉松、"彩色跑"（The Color Run）、森林跑、"我是球王"争霸赛

（二）按照体育赛事的规模分类

按照体育赛事的规模划分，可以分为超大型体育赛事、大型体育赛事和一般体育赛事（表1-2）。

超大型体育赛事指在全球范围和广大媒体范围内产生巨大影响的体育赛事，规模大、水平高、筹备周期长，媒体覆盖面广，市场目标大，对社会、政治、文化、经济、环境和城市基础设施建设等方面会产生深远影响。

大型体育赛事指会在举办城市和地区产生较大影响，能够引起众多媒体关注和产生较好经济效益的体育赛事。大型体育赛事一般表现为规模较大、水平较高、媒体关注度高、市场吸引力大，对举办城市和地区的社会、经济、文化等方面会产生较大影响。大型体育赛事还可以分为大型综合赛事、单项顶级赛事、单项品牌赛事、单项商业赛事。

一般体育赛事指规模大，大众参与程度高、具有一定社会影响力的体育赛事。一般体育赛事表现为组织机动灵活、形式多样、参与人员广泛、市场亲和力强，给举办方带来较大的综合效益。近年来，我国出现了不少一般体育赛事，社会参与程度很高，助力推动全民健身，建设健康中国。尤其是积极发挥"体育+"的效应，将体育赛事与传统文化、地域特色相融合，打造了一批传统精品赛事，形成了一批优质体育赛事IP。例如，河北"冰上龙舟"争霸赛、江西宜春农耕赛、青海"抢渡黄河"极限挑战赛、福建泉州"海上丝绸之路"环泉州湾国际公路自行车赛、宁夏国际摩托旅游节、安徽环江淮万人骑行大赛。

▶ 表1-2　按照体育赛事的性质分类

分类	特征	举例
超大型体育赛事	规模大，水平高，影响大，周期性明显	奥运会、足球世界杯、亚洲运动会和全国运动会等
大型体育赛事	规模较大，水平较高，影响大，周期性明显	大型综合赛事，如全国青年运动会、全国少数民族传统体育运动会、全国学生运动会等
	水平高，规模较大，影响较大，周期性明显	单项顶级赛事，如世界杯篮球赛、世界游泳锦标赛等
	水平高，规模较大，影响力较大，赛事周期长，模式较固定	单项品牌赛事，如美国职业篮球联赛、世界一级方程式锦标赛、欧洲五大足球联赛等
	水平高，明星效应突出，商业运作明显，规模、时间、地点随意性强	单项商业赛事，如"龙马之战"、美国职业篮球联赛中国季前赛等
一般体育赛事	规模大，社会影响大，大众参与程度高	大众体育节、大众登山节、万人骑行大赛、龙舟赛等

（三）按照体育赛事举办地点划分

根据体育赛事举办的地点划分，体育赛事可以分为室内赛事和室外赛事。室内赛事一般是在体育馆内举行的比赛，如羽毛球、乒乓球、篮球、排球赛事等，它们对体育场馆都有一定的要求。室外赛事的情况则较为复杂，有的是在露天体育场内举行，如足球、田径、汽车赛事等；有的是直接借助于自然环境或公路等基础设施举行，如滑雪、帆船、帆板、马拉松等运动项目的赛事。

（四）按照体育赛事的目标和组织方的性质分类

按照体育赛事的目标和组织方的性质划分，体育赛事可以分为商业性赛事、准商业性赛事、公益性赛事。商业性赛事是一种由企业组织举办的，以利润最大化为目的，自主经营，自负盈亏，通过市场运作来提供竞赛产品和相关衍生品的体育赛事，如美国职业橄榄球大联盟、美国职业篮球联赛、各种大奖赛、巡回赛、明星赛等。公益性赛事是指由政府或协会、社团（非营利性组织）等组织，以社会效益为主要目的，不以营利为目的的体育赛事。准商业性赛事指由政府或协会、社团（非营利性组织）等组织主导且全部或部分投资的，为了促进体育事业的发展，满足社会公众的体育需求，收入主要用于赛事的普及与推广的体育赛事，如奥运会、亚运会、全运会、国内单项锦标赛等。

第三节　我国体育赛事的发展历程

本书重点介绍新中国成立以后我国体育赛事的发展历程，具体分为以下四个阶段。

一、产生与萌芽阶段（1949—1978 年）

新中国成立以来，受到苏联体育发展的影响，我国体育事业作为社会主义建设的一部分被列入政府的工作计划，在计划经济体制下，举国体制对当时体育的发展起到了十分重要的作用。主要表现在以下四个方面：

一是运用政府强有力的行政手段，充分调配有限的资源，对体育进行宏观调控，成立了国家体育运动委员会（以下简称"国家体委"），奠定了新中国体育事业发展的基础。

二是运用行政手段推广和普及了学校体育和群众体育工作，重点放在乒乓球、羽毛球、田径、足球、篮球和排球等优势体育项目上，学校体育和群众体育工作取得了长足进步。

三是依靠举国体制政策推动我国竞技运动水平迅速提高，如容国团获得乒乓球世界冠军，"小球转动大球"，为提高中国的国际声誉以及开展和平外交作出了重要贡献。

四是中华人民共和国全国运动会（以下简称"全国运动会"）成功举办，为以后我国体育赛事的举办提供了丰富的经验。第一届全国运动会于1959年9月13日—10月3日在北京举行，参赛运动员达1万多人，共设36个比赛项目和6个表演项目，有7人4次打破4项世界纪录。全国运动会会徽由金色的跑道、金色的麦穗和夸张的红"1"字组成，麦穗代表中国成立10周年的丰硕成果，而似乎要冲出跑道的"1"字恰似上升的"箭头"，象征着当时人们热火朝天建设中国的激情。随后1965年、1975年分别举行了第二、三届全国运动会。

在体育赛事政策方面，1956年，国家体委颁布了《中华人民共和国运动竞赛制度暂行规定（草案）》。该文件的出台从制度层面保障了赛事的正常运行，促进我国赛事规范和体育运动技术水平的提高。在此期间，群众性的体育活动、全国性的单项比赛等各项体育赛事不断开展。

从本阶段的体育赛事特点来看，体育赛事更多以"运动竞赛"为主，提供了更多的是竞赛产品。赛事组织与管理的主体是政府，由政府进行投资和管理，社会力量参与程度很低，第一届至第四届全国运动会均在北京举办。

二、起步阶段（1978—1989年）

随着我国经济的发展，我国体育体制改革不断深化，体育产业化、社会化、市场化日趋明显。许多大型体育赛事逐渐走进我国，各种类型的商业性体育赛事在我国举办，全国运动会也开始在北京、上海、广东轮流举办。以上海为例，上海举办了第六届上海市运动会、上海－大阪友好城市马拉松比赛、第十届亚洲女子篮球锦标赛、第四届世界杯跳水赛、第四届亚洲女子排球锦标赛、美国全明星职业篮球队与上海队首场比赛、首届上海马拉松赛等。在此阶段，企业在体育赛事的举办中开始崭露头角。商人温锦华有多次拉广告赞助乒乓球、篮球和跳伞比赛的经验，1988年，依托社会资金，他运作了"八国男篮邀请赛"。1989年，他运作巴西球队桑托斯队和该队球星苏格拉底来到中国，在中国8个城市进行了巡回商业比赛，当时引起了巨大反响。

在体育赛事政策方面，国家体委于1986年和1989年发布了《全国综合性运动会试行工作条例》《全国体育竞赛赛区工作条例》《全国体育运动单项竞赛制度》等法规，明确了全国综合性运动会的种类及竞赛制度、全国行业系统运动会的种类及竞赛制度、全国体育运动单项竞赛的种类及竞赛制度等。这些政策的发布促进了我国体育赛事的制度化发展，为北京亚运会的顺利举办奠定了良好的基础。

从本阶段的体育赛事特点来看，体育赛事逐渐从"运动竞赛"向"特殊事件——赛事"过渡，赛事组织与管理以政府为主，市场为辅，且体育赛事主要为公益性质。从实际运行来看，当时中国的体育赛事基本上由政府组织实施，国家体委每年举行一次运动竞赛招标。虽然单纯由国家投入、统一安排举办体育赛事的体制在变化，但当时的招标只面向体委系统，出现"热门"项目赛事竞相申办，"冷门"项目赛事无人问津。有关资料表明：每年有1/4~1/3的运动竞赛无人投标，造成运动竞赛计划和投标不足的矛盾日益突出。

三、快速发展阶段（1990—2008年）

进入20世纪90年代以来，随着社会主义市场经济体制的逐步建立和体育产业的发展，我国体育赛事市场化程度不断深入，体育竞赛依据竞赛表演的不同属性，逐渐细化为竞技比赛、职业联赛、群众性比赛、商业性比赛等赛事体系。

中国体育赛事供给主体也发生了变化，赛事供给主体由原来单一的政府体育部门演变为政府体育部门、职业体育俱乐部、体育赛事中介公司等。第一届至第九届全国运动会由北京、上海、广东轮流举办。2001年，国务院办公厅正式发布了《关于取消全国运动会由北京、上海、广东轮流举办限制的函》，取消了由北京、上海和广东三地轮流举办全国运动会的限制。2000年，国家体育总局提出："开放体育竞赛市场，通过招标、申办等形式，鼓励社会各界积极承办各类体育竞赛。完善全国运动会竞赛制度，改革全国运动会的赛制和奖励办法。"2002 年，中共中央、国务院发布的《关于进一步加强和改进新时期体育工作的意见》指出，举办好全国运动会和国内其他赛事，要全面、科学安排国内各项赛事，改革完善竞赛制度，充分发挥竞赛的功能和效益，为实现"奥运战略"目标服务。不仅如此，北京、上海、广州等一些经济发达地区体育行政部门已开始下放体育赛事举办的权力。1998 年，上海市政府出台了《上海市体育竞赛管理办法》，进一步明确了体育主管部门对赛事监督、指导、服务的责任，特别在大力鼓励社会各方办赛方面也给予了较高的政策性支持。2003 年，广州市政府出台了《广州市体育竞赛表演市场管理办法》，在国内率先实现体育比赛私人化的重大突破，投资者兴办体育赛事实行备案制，无须审批，允许以商业方式举办各种赛事，民营公司同样享有主办权。北京市体育局竞赛管理中心于 2004 年 11 月宣布，将赛事主办权完全交给市场，政府不再作为唯一的体育赛事主办方。北京市于 2005 年举办中国首届世界职业拳击冠军赛，由中国拳击协会主办，美国电子商务技术公司和北京市体育竞赛管理中心承办，赛事完全由主办方向社会召集合作伙伴，自筹资金完成。这些事实说明：政府体育职能开始转变，商业性赛事、准商业性赛事主要由社会力量办赛，甚至对于公益性体育赛事，实施政府主导、企业参与、市场化经验管理模式。

办赛能力不断增强。① 北京夏季奥运会、广州亚运会、北京冬季奥运会、杭州亚运会等大赛的成功举办，我国在高品质体育场馆设施的建设、高层次体育竞赛管理人才的储备、大型体育赛事的组织与管理、体育赛事市场的开发等方面都留下了宝贵的财富。② 赛事体系不断完善使赛事举办呈现迅速增长趋势。以综合性运动会为例，除全国运动会之外，全国综合性运动会还有全国冬季运动会、全国青年运动会、全国农民运动会、全国少数民族传统体育运动会、全国残疾人运动会、全国学生运动会。以职业联赛为例，1992 年红山口会议促进了足球职业联赛的诞生，随后篮球、排球、乒乓球开启了职业化的路径。以商业性比赛为例，成功申办 2008 年北京奥运会为商业性比赛的举办注入了强心剂，世界游泳锦标赛、意大利超级杯、美国职业篮球联赛季前赛、世界田径锦标赛等其他高水平国际赛事纷纷入驻中国。如上海市为了跻身亚洲一流体育中心城市之列，在 21 世纪初形成了世界一级方程式锦标赛中国大奖赛、国际田径钻石联赛、职业网球联合会世界巡回赛 1000 大师赛（ATP1000 大师赛）、汇丰国际高尔夫球锦标赛、世界斯诺克锦标赛和上海国际马拉松大赛六大城市品牌赛事。举办高水平的国际性赛事不仅可以提高举办地的知名度，促进当地经济的发展，同时对城市文化、环境、基础设施等方面起积极的影响。以群众性赛事为例，为推进全民健身活动的开展，各地积极打造"一区（县）一品"，积极引进和打造群众性体育赛事，如形式多样的马拉松赛事、极限运动赛事、体育舞蹈赛事等。③ 体育中介公司蓬勃发展。瑞士盈方、八方环球、国际管理集团等国际体育经纪公司涌入中国，上海久事国际赛事管理有限公司、上海国际田径黄金大奖赛有限公司等一批国内体育经纪公司成为我国体育赛事产业发展的中坚力量。

四、蓬勃发展阶段（2009 年至今）

2008 年北京奥运会的成功举办使我国成为世界体育赛事产业的"急先锋"。之后，广州亚运会、南京青奥会、世界军人运动会、北京冬奥会、杭州亚运会等国际综合性赛事纷纷登陆中国，我国体育竞赛表演业进入了发展的快车道。

赛事利好政策频频出台（表 1-3）。2014 年 10 月 20 日，《国务院关于加快发展体育产业促进体育消费的若干意见》指出："取消商业性和群众性体育赛事活动审批，加快全国综合性和单项体育赛事管理制度改革，公开赛事举办目录，通过市场机制积极引入社会资本承办赛事。"随后，《体育总局关于推进体育赛事审批制度改革的若干意见》《国务院办公厅关于加快发展健身休闲产业的指导意见》《国务院办公厅关于加快发展体育竞赛表演产业的指导意见》《国务院办公厅关于促进全民健身和体育消费推动体育产业高质量发展的意见》《国务院办公厅关于印发体育强国建设纲要的通知》《体育赛事活动管理办法》等关于体育竞赛表演的政策相继出台，一系列政策文件的颁布，对于促进我国体育赛事产业高质量发展具有重要影响。

拓展阅读：《国务院关于加快发展体育产业促进体育消费的若干意见》

▶ 表 1-3　近年我国体育赛事相关政策汇总

时间	文件名称	关键内容
2014 年 10 月 20 日	《国务院关于加快发展体育产业促进体育消费的若干意见》	取消商业性和群众性体育赛事活动审批，加快全国综合性和单项体育赛事管理制度改革，公开赛事举办目录，通过市场机制积极引入社会资本承办赛事

续表

时间	文件名称	关键内容
2014 年 12 月 24 日	《体育总局关于推进体育赛事审批制度改革的若干意见》	全面推进体育赛事审批制度改革，打破社会力量组织、承办体育赛事的制度壁垒。规范全国性单项体育协会的服务收费，破除利益固化的藩篱。充分调动社会多方面的积极性，建立办赛主体多元化的体育赛事体系
2016 年 10 月 28 日	《国务院办公厅关于加快发展健身休闲产业的指导意见》	开展各类群众性体育活动，合理编排职业联赛赛程，丰富节假日体育赛事供给，发挥体育明星和运动达人示范作用，激发大众健身休闲消费需求
2018 年 12 月 21 日	《国务院办公厅关于加快发展体育竞赛表演产业的指导意见》	到 2025 年，体育竞赛表演产业总规模达到 2 万亿元，基本形成产品丰富、结构合理、基础扎实、发展均衡的体育竞赛表演产业体系。建设若干具有较大影响力的体育赛事城市和体育竞赛表演产业集聚区，推出 100 项具有较大知名度的体育精品赛事，打造 100 个具有自主知识产权的体育竞赛表演品牌，培育一批具有较强市场竞争力的体育竞赛表演企业，体育竞赛表演产业成为推动经济社会持续发展的重要力量
2019 年 9 月 17 日	《国务院办公厅关于促进全民健身和体育消费推动体育产业高质量发展的意见》	各协会主办的体育赛事活动资源、培训项目等，符合条件的都要通过公开方式交由市场主体承办。鼓励将赛事活动承办权、场馆运营权等通过产权交易平台公开交易
2019 年 8 月 10 日	《国务院办公厅关于印发体育强国建设纲要的通知》	建立中国特色现代化竞赛体系。推进竞赛体制改革，建立适应社会主义市场经济、符合现代体育运动规律、与国际接轨的体育竞赛制度，构建多部门合作、多主体参与的金字塔体育竞赛体系，畅通分级分类有序参赛通道，推动青少年竞赛体系和学校竞赛体系有机融合。深化全国运动会、全国冬季运动会、全国青年运动会改革。支持全国性单项体育协会举办高水平体育赛事活动，鼓励社会力量举办形式多样的系列赛、大奖赛、分站赛等

拓展阅读：《体育总局关于推进体育赛事审批制度改革的若干意见》

拓展阅读：《国务院办公厅关于加快发展健身休闲产业的指导意见》

拓展阅读：《国务院办公厅关于加快发展体育竞赛表演产业的指导意见》

拓展阅读：《国务院办公厅关于促进全民健身和体育消费推动体育产业高质量发展的意见》

拓展阅读:
《国务院办公厅关于印发体育强国建设纲要的通知》

拓展阅读:
《体育赛事活动管理办法》

续表

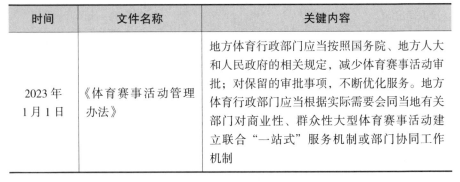

时间	文件名称	关键内容
2023年1月1日	《体育赛事活动管理办法》	地方体育行政部门应当按照国务院、地方人大和人民政府的相关规定，减少体育赛事活动审批;对保留的审批事项，不断优化服务。地方体育行政部门应当根据实际需要会同当地有关部门对商业性、群众性大型体育赛事活动建立联合"一站式"服务机制或部门协同工作机制

赛事产业规模持续增长。商业性和群众性体育赛事审批取消后，我国体育竞赛表演产业快速发展。据国家统计局相关统计数据显示，2016年体育竞赛表演活动总规模为176.8亿元，占体育产业的比重为0.9%，实现增加值65.5亿元;2017年体育竞赛表演活动总规模为231.4亿元，占体育产业的比重为1.1%，实现增加值91.2亿元;2018年体育竞赛表演活动总规模为292亿元，占体育产业的比重为1.1%，实现增加值103亿元;2019年体育竞赛表演活动总规模为308.5亿元，占体育产业的比重为1%，实现增加值122.3亿元;2020年体育竞赛表演活动总规模为273亿元，占体育产业的比重为1%，实现增加值103亿元;2021年体育竞赛表演活动总规模为343亿元，占体育产业的比重为1.1%，实现增加值129亿元。由数据可以看出，除了2020年因新冠疫情对体育赛事产业影响较大外，体育赛事产业规模呈稳步上升的趋势。

赛事国际影响力不断提高。经过多年的精耕细作，我国体育竞赛表演市场蓬勃发展，基本形成了由职业联赛、综合性比赛、商业比赛、单项竞技比赛和群众性比赛于一体的竞赛表演市场格局，并在国际市场上享有一定影响力。国际顶级体育赛事作为稀缺体育资源，对打造城市名片，提高城市国际影响力具有重要作用。上海在21世纪初完成建设亚洲一流体育中心城市的目标后，又提出了全球著名体育城市的建设目标，在世界一级方程式锦标赛中国大奖赛（F1）、职业网球联合会世界巡回赛1000大师赛（ATP1000大师赛）、上海国际马拉松大赛等国际顶级赛事的支撑下，努力将上海打造成世界一流的国际体育赛事城市。成都市不断承（申）办各类洲际锦标赛、世界大学生运动会等世界综合性运动会，致力将成都打造成世界赛事名城。在英国体育市场情报服务商 Sportcal 发布的 2019 年全球赛事影响力（GSI）城市榜单中，北京、南京、成都、上海、张家口等地排行榜前 100 名（表 1-4）。

▶ 表 1-4　2019 年全球赛事影响力中国城市排名

城市	名次/名	赛事数量/场	最终得分/分
北京	8	7	8 388
南京	11	6	6 615
成都	28	4	4 087
上海	37	5	3 446
张家口	42	3	3 279
杭州	46	2	3 128

赛事体系逐渐完善。① 职业联赛凸显活力。中国足球协会超级联赛（简称"中超联赛"或"中超"）和中国男子篮球职业联赛（简称"CBA"或"CBA 联赛"）是我国职业体育发展的排头兵，是我国体育产业发展过程中极具市场竞争力的产品。在社会资本涌入的良好态势下，中超联赛价值从 2013 赛季的 1.37 亿欧元升至 2016 赛季的 4.5 亿欧元，年均增长率达 49%。中超联赛价值的国际排名从 2013 年的第 43 名迅速提升到 2016 年的第 14 名，位列亚洲各联赛之首。2021 年，中超联赛排名亚洲第三，其总价值约为 2.45 亿欧元。中国职业联赛受关注度也不断提高，2016 赛季中超联赛在 71 个国家和地区进行转播。国内中超联赛和 CBA 联赛的观看规模也在不断上涨，2007 年，两个赛事的观众分别为 1.4 亿人次和 4.2 亿人次；至 2019 年，两个赛事的观众分别增长至 16 亿人次和 10.8 亿人次。② 商业性赛事数量稳中有升。上海网球大师赛、世界一级方程式锦标赛中国大奖赛、世界斯诺克锦标赛等国际顶级的商业性赛事纷纷进入中国；带有自主赛事 IP 的北京、上海、厦门等国际马拉松赛，环青海湖国际公路自行车赛等已经发展成为亚洲乃至全球的品牌顶级赛事。③ 传统精品赛事推陈出新。近年来，全国各地积极发挥"体育+"的特点，创新办赛模式，将体育赛事与传统文化、地域特色相融合，积极打造独具特色的品牌体育赛事，发展形成了一批具有文化底蕴、地域特色的传统精品赛事，如河北"冰上龙舟"争霸赛、江西宜春农耕赛、青海"抢渡黄河"极限挑战赛、福建泉州"海

拓展阅读：
多项线上赛
事助力"全
民健身日"

拓展阅读：
体育赛事与
互联网深度
融合 2023
年全民健身
线上运动会
——湖南省
第三届体育
云动会异彩
纷呈

上丝绸之路"环泉州湾国际公路自行车赛、宁夏国际摩托旅游节、安徽环江淮万人骑行大赛。④ 群众性特色赛事百花齐放。在众多利好政策的推动下，马拉松、自行车、冰雪运动、户外运动、航空运动、极限运动等各项目单项赛事数量不断增加，赛事效益不断彰显。以马拉松为例，据《2018中国马拉松年度主报告》显示，截至 2018 年底，中国境内举办马拉松及相关运动规模赛事（800 人以上路跑赛事、300 人以上越野赛事）共计 1 581 场，较 2017 年增加 479 场，较 2011 年增加约 70 倍。其中中国田径协会认证赛事 339 场，非认证赛事 1 242 场，累计参赛人次 583 万，其中地市级异地参赛跑者为 192.05 万人，占总比例的 32.34%。全国 31 个省（区、市）、285 个地级市举办了不同形式的马拉松比赛，占地级市总数的 85%。如冰雪赛事，随着 2022 年北京冬奥会的举办，我国举办的群众性冰雪活动不断增多。北京、张家口等地积极承办各级各类冰雪体育赛事，据统计，2017 年国内举办的冰雪赛事中，共有竞技类赛事 76 项，大众娱乐类赛事 400 项以上。在冰雪运动"南展西拓东进"战略引领下，群众冰雪运动逐渐兴起。2020—2021 雪季，全国共有 184 个地级市开展了超过 1 200 场次群众性冰雪赛事活动，直接参与和间接影响人数近亿人。再如自行车赛事，2017 年我国举办自行车赛事超过 4 000 场，较 2014 年增加 1 700 场，其中具有一定规模的赛事达到 800~1 000 场。⑤ 虚拟赛事成为发展新亮点。2020 年爆发新冠肺炎疫情给体育赛事带来了冲击，但也孕育了新机。线上运动会、线上体育赛事引发热潮。2020 年，中体产业依托"全民健身活力中国"网络信息平台，先后策划实施了"战胜疫情动起来、宅家一起做运动"——暨 2020"在家健身全民挑战赛"、居家健身"抖音线上挑战赛"等一系列全民健身赛事及活动。自赛事上线至 2020 年 3 月 25 日，这一系列体育活动共吸引数百万人直接参与，上传参赛视频 144 万个，网络传播数量接近 40 亿人次。相关运动项目中心也积极组织开展线上虚拟赛事活动。中国赛艇协会于 2020 年 2 月 13—29 日举办了 2020 中国陆上赛艇互联网大赛，共吸引 1.5 万人直接参与，30 多万人全程关注，网络视频直播收看量达 138 万人次，视频总点击量逾 200 万次。虚拟赛事以"线上互动 + 线下运动"的组合成为疫情期间备受欢迎的体育参与模式，线上运动会、线上马拉松成为一种新型赛事形式。2022 年 8 月，国家体育总局群体司、中华全国体育总会群体部联合部分运动项目中心、全国性单项体育协会、省（区、市）体育部门和互联网平台共同开展"全民健身线上运动会"，推出 8·8

线上骑行嘉年华、中国虚拟自行车联赛、2022 第三届"全民铁人"线上挑战赛、"8·8 热练嘉年华"全民健身线上跑、"全民健身日"不负青春线上健康跑等一系列赛事。"全民健身线上运动会"开赛以来，运用"互联网 + 体育"思维，以体育在线服务的方式满足人民群众多样化的健身需求，极大激发了群众居家健身、追求健康的热情。

民间资本助力赛事。随着国家相关政策开始支持民间资本介入、赛事转播权限制放宽，体育产业上升为"国家战略"，2015 年是民间资本注入的爆发年，苏宁收购了国际米兰 70% 股权。2015 年 1 月，万达集团收购马德里竞技足球俱乐部 20% 股份，腾讯视频斥资 5 亿美元买断 5 年美国职业篮球联赛在中国的网络独播权，相当于每年一亿美元，为 2013 年版权价格的 5 倍。2 月，万达集团牵头三家知名机构及盈方管理层以 10.5 亿欧元成功并购拥有多项国际赛事的市场及媒体版权的盈方体育传媒集团，控股 68.2%。5 月，天猫国际宣布与德国拜仁慕尼黑达成战略合作，之后皇家马德里海外旗舰店入驻天猫、天猫魔盒独家发布美国职业篮球联赛球星科比自传纪录片《科比的缪斯》。7 月，上海聚力传媒技术有限公司（PPTV 网络电视）正式宣布分拆体育传媒事业部（以下简称"PPTV 体育"）。8 月，PPTV 体育以 2.5 亿欧元拿下西班牙足球甲级联赛未来 5 年在中国的版权。9 月，乐视体育以 27 亿元获得香港英格兰足球超级联赛 2016—2019 年三个赛季转播独家权益，在英格兰足球超级联赛之前，乐视体育已经拥有 17 类运动项目共计 121 项赛事的版权。9 月，体奥动力以 80 亿元巨资拿下中超联赛 5 年版权，每个赛季平均下来的版权收益为 16 亿元。9 月，阿里巴巴宣布成立阿里体育集团，正式全面布局体育产业。阿里巴巴还与美国太平洋十二校联盟（Pac-12）达成两年独家战略合作。2016 年 6 月，"中国砂板大奖赛新闻发布会"在苏州举行，砂板乒乓球职业联盟将以 250 万元的总奖金打造赛事体系，实现从业余赛事到职业赛事的过渡，中国乒乓球大满贯赛事渐渐浮出水面。昆尚传媒携手江苏卫视合力打造的昆仑决世界极限格斗系列赛，正准备打造一个完整的单门类体育项目的全产业链。

赛事社会化、市场化程度逐步提高。以市场配置资源，用商业化的理念和手段培育市场，是重大体育比赛可持续发展的实践。近些年我国涌现的热门品牌赛事，如上海网球大师赛、世界一级方程式锦标赛中国大奖赛、世界斯诺克锦标赛，其赛事管理模式已逐渐与国际接轨，政府逐渐退出，社会化参与和市场化运作范围越来越广。对于商业性赛事、公益性赛事，政府都开始"放管服"，逐渐采用政府主导、社会参与、市场运作的管理方式。2023年1月1日开始实施的《体育赛事活动管理办法》明确规定：机关、企事业单位、社会组织和个人均可依法组织和举办体育赛事活动。地方体育行政部门应当按照国务院、地方人大和人民政府的相关规定，减少体育赛事活动审批；对保留的审批事项，不断优化服务。地方体育行政部门应当根据实际需要会同当地有关部门对商业性、群众性大型体育赛事活动建立联合"一站式"服务机制或部门协同工作机制。

实训与思考

实训练习

请扫描二维码查看案例。
从体育赛事的特征视角分析扬州鉴真国际半程马拉松赛的特征。

案例：扬州
鉴真国际半
程马拉松赛

思考题

1. 简述体育赛事的起源。
2. 简述运动竞赛与体育赛事的差异。
3. 简述我国体育赛事产业的发展现状。
4. 以某大型赛事为例，论述体育赛事的特征。

第二章

体育赛事管理阶段

本章导言

体育赛事是一项有始有终的活动，具有周期性特征。根据体育赛事的项目特点和科学规律，把体育赛事管理划分成选择与确定阶段、筹办与举办阶段和体育赛事收尾阶段三个阶段，明确不同阶段的主要任务。阶段划分是体育赛事管理的重要环节，对于体育赛事的成功管理具有重要的意义。本章主要介绍体育赛事选择与确定阶段、体育赛事筹办与举办阶段、体育赛事收尾阶段的主要任务及其注意事项等内容。

知识目标

1. 了解体育赛事管理的阶段划分。
2. 熟悉体育赛事管理阶段的基本任务和注意事项。
3. 掌握体育赛事各个阶段的程序、内容。

能力目标

1. 学会制定体育赛事各个阶段的任务分工。
2. 能够运用所学知识在体育赛事各个阶段处理实践问题。

素养目标

通过把握体育赛事管理各阶段的主要任务和注意事项，感受体育赛事的规则意识、规矩意识，培养执着专注、一丝不苟的职业精神。

第一节　体育赛事选择与确定阶段

体育赛事是推动全民健身事业发展的重要载体。体育赛事的成功举办不仅可以促进举办地政治、经济和文化的进步，推进体育场馆等基础设施建设，还可带动赛事举办地的旅游、餐饮、住宿等第三产业的发展。在体育赛事管理全过程中，如何选择并确定一项体育赛事是办好体育赛事的重要前提条件。

一、体育赛事选择阶段主要任务

体育赛事的主办方、承办方、协办方等体育赛事活动利益相关者应当履行安全保障义务，对体育赛事活动安全负责，赛前应当通过书面协议约定权利义务和责任分工。体育赛事选择阶段是指赛事管理者决定是否申办的阶段，一般指承办办向主办者提出申办的过程。包括调研、评估及提交申办报告（办赛申请）等流程。赛事选择是体育赛事管理工作的起点，需要对赛事举办地的政治、经济、社会、环境、文化等方面进行综合考量再作出研判与决策。

体育赛事的选择应遵循信息完全性、综合效益性和可行性等基本原则。信息完全性原则是基础性原则，只有获取真实、可靠、全面、及时和准确的信息才能对赛事选择作出正确判断。综合效益性原则用来判断举办体育赛事是否能产生效益，这里的效益既有社会效益也有经济效益，既立足于当下又兼顾长远。可行性原则用来判断举办体育赛事是否可行，需要从宏观和微观上综合考虑现有设施及资源是否满足举办体育赛事的基本条件。

体育赛事选择阶段的主要任务包括以下三个方面：

（一）明确赛事参与者的需求

体育赛事的类型以及赛事举办方的需求均会影响选择体育赛事的动机。随着社会的发展，体育赛事早已超出体育自身范畴，并与政治、经济、社会、文化等方面交互影响，因此赛事选择的需求与动机方面呈现出多元化、复杂化和个性化等特点。

1. 政府对体育赛事的基本需求

体育赛事的成功举办能给当地社会和经济的发展带来多重利益，因此举办地政府对体育赛事的重视程度较高，通常会将体育赛事视为公共产品或准公共产品。在体育赛事的选择过程中，应考虑举办地的历史风俗文化、自然环境、民众需求、资源条件等因素，还应考虑体育赛事是否符合举办地的整体发展战略，是否对举办地的经济及社会发展带来积极效益。

一般来说，政府对于体育赛事的利益需求主要体现在赛事的社会影响力、长远价值及商业价值上。大型综合性体育赛事可凝聚城市向心力，增强城市吸引力，扩大城市辐射力，提升城市文化软实力，进而推动城市经济和社会的发展，因此举办大型体育赛事是政府体育事业发展的战略需要。群众性体育赛事、单项体育赛事或小型体育赛事带来的影响和辐射有限，政府对其需求主要基于赛事的社会影响，如体育公共事业的可持续发展、提升城市形象、增强投资者信心等。《国务院关于印发全民健身计划（2021—2025 年）的通知》明确指出，广泛开展全民健身赛事活动。开展全国运动会群众赛事活动，举办全民健身大会、全国社区运动会。持续开展全国新年登高、纪念毛泽东同志"发展体育运动，增强人民体质"题词、全民健身日、"行走大运河"全民健身健步走、中国农民丰收节、群众冬季运动推广普及等主题活动。党的二十大报告指出，要"广泛开展全民健身活动""促进群众体育和竞技体育全面发展，加快建设体育强国"。全民健身已上升为国家战略，政府、社会、大众对体育赛事的需求与日俱增。

2. 运动员、教练员、裁判员、观众等对体育赛事的基本需求

举办体育赛事有助于全民健身运动的开展，能丰富人民群众的业余文化生活，促进人与人之间的沟通和交流，推进健康中国建设。

体育赛事选择过程中应关注运动员、教练员、裁判员、观众等方面的需求。对于职业运动员，他们的需求主要表现为自身商业价值提升以及运动生涯的自我实现；对于非职业运动员，他们的需求主要是健身与社交；对于教练员和裁判员，他们的主要需求是经济收益、专业资质的积累及个人职业生涯的发展；对于观众，他们的需求在于观赏、娱乐和参与体验。

3. 企业对体育赛事的基本需求

企业以盈利和获益为最终目标，它们期望通过参与体育赛事获得利益。各类赞助商、供应商及赛事合作伙伴希望借助体育赛事提升品牌知名度，优化企业形象，进而扩大产品销量并获得经济利益。各类媒体通过转播体

拓展阅读：《全民健身计划（2021—2025 年）》

拓展阅读：转型升级迈向一流强企的助推器——中国企业为何赞助世界杯

育赛事获取更多播放量、订阅量、浏览量以提升影响力。此外，企业发展各阶段对体育赛事的需求也不同，在上升期侧重提升企业知名度，在稳定期则聚焦于获取利润。

体育竞赛倡导公正和公平，体育运动向人们传递出积极向上的价值观，因此企业参与体育赛事相关活动不能一味追求经济利益，应以法律为准绳，坚守道德底线，杜绝"唯利是图"。

4. 事业单位及社会组织对体育赛事的基本需求

一些从事教育、科技、文化、卫生等活动的事业单位及社会服务组织的宗旨是为社会服务，一般不以营利为目的，它们参与各类体育赛事的首要目标是获取社会综合效益回报。例如，残疾人联合会主要考虑通过赛事宣传及展示残疾人事业发展成果，而环保事业机构则希望借助赛事提高全社会的环保意识，促进环境保护事业的发展。此外，出于自身的生存和发展需要，一些差额拨款及自主营收型事业单位在参与体育赛事相关活动时也会追求一定的经济回报。

（二）事前全面评估体育赛事

在体育赛事选择阶段，进行事前全面评估是确保体育赛事科学决策的重要手段。

1. 评估体育赛事举办的必要性

必要性评估主要分析举办体育赛事是否有助于实现既定的战略目标。体育赛事与政治、经济、社会、文化、环境等密切相关，因此评估体育赛事必要性的时候，应根据举办地现有条件和资源，并结合举办地城市发展整体战略，判断举办体育赛事能否在政治、经济、社会及文化等方面带来的积极影响，进而对赛事举办的必要性作出决策。在评估过程中，专家团队不应局限于体育领域，可邀请来自政治、经济、法律、环境等领域的专家共同参与决策论证。

2. 评估体育赛事举办的可行性

可行性评估是赛事管理者基于办赛的环境因素在事前阶段对赛事的成本和效益等进行评估，判断相关资源（人、财、物等）是否足够，从而判断赛事举办的可行性，并作出"继续/停止"的决定。

事前可行性评估结果可为体育赛事战略制定提供依据，评估的关键内容是赛事对经济、社会、环境等方面带来的影响并进行全面分析，其内容体系如图 2-1 所示。

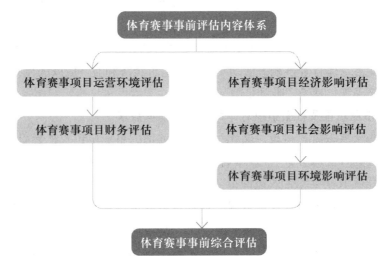

图 2-1　体育赛事事前评估内容体系框架图

（引自：黄海燕. 体育赛事管理［M］. 北京：人民体育出版社，2012：136.）

可从以下几个方面评估体育赛事的可行性：① 举办地的综合状况，如人口构成（年龄、性别等），志愿者等相关人才的储备情况，整体经济状况。② 正面导向作用，如赛事对举办城市经济社会的发展是否具有积极意义，赛事项目是否与本地区的文化特点相符，是否具有普及与推广的价值。③ 社会公众支持，如赛事运动项目在举办城市是否有广泛的群众基础，公众的支持对赛事的举办具有至关重要的作用。④ 市场条件，包括赛事的潜在消费群体规模，也包括参与者、社会公众、赞助商、媒体等。⑤ 竞争环境，如分析其他申办城市的情况并确定自身的竞争优势，赛事期间举办地是否有其他活动与之冲突。⑥ 资源条件，包括城市基础设施、体育场馆设施、资金、媒体转播条件、安保及接待条件、赛事运作团队的经验等方面。

根据赛事的类型、规模和层次，可行性评估的内容也应做出相应调整，一般来讲，国际赛事、全国赛事等赛事的评价指标不一样。

3. 评估体育赛事组织者的能力与水平

体育赛事的管理对象繁杂，运作过程较长，因此赛事管理者应具有一定的专业能力。可从工作态度、抗压能力、组织能力、团队协作能力、人际交往能力等方面评估赛事管理者的专业能力。此外，创新思维、主动学习能力、对于新事物的接受程度等也是赛事管理者应具备的重要的职业素养。

（三）决策论证

在大型体育赛事或群众性体育赛事的决策论证中，赛事是否能最大限度满足公众对体育赛事的需求应是论证的基准，而商业性体育赛事的决策论证一般以商业价值的实现为准则。在赛事选择阶段，决策论证的最终目的是为作出赛事举办与否这一最终决策提供可靠的参考依据。因此，在决策论证过程中，赛事管理者应根据赛事的运行环境（政治环境、经济环境、社会文化环境、自然环境、场地硬件环境等）、体育赛事项目和赛事社会效益等方面作出初步评估，并向决策者提出举办或不举办的建议。如果决定举办赛事，那么体育赛事管理工作将进入体育赛事确定阶段。

二、体育赛事确定阶段主要任务

完成赛事选择阶段全面的评估及论证后，可将申办赛事、获批举办权、获得承办资格以及公布结果的全过程称为体育赛事确定阶段。这一阶段的主要任务有两个。

（一）再次论证评估报告，作出举办赛事决定

赛事预备（筹备）组织向体育赛事决策机构提交初步评估报告，提出相关建议，赛事决策者针对评估报告须进行再次论证，以作出申办赛事的最终决定。再次论证时，应重点考虑赛事利益相关者需求、办赛目的、举办环境、举办城市的社会经济基础、赛事风险等，以作出是否举办赛事的最终决定。作出办赛最终决定后，接下来应考虑怎样获得赛事举（承）办权。

（二）获得赛事举（承）办权

1. 体育赛事活动的申办

奥运会、世界杯、世界锦标赛等国际重大体育赛事已建立了一套较为规范的申办程序，这类赛事须由政府或国家体育组织向国际体育组织相关机构提出申办，竞争举（承）办权。全国运动会、全国青年运动会、大学生运动会等国内综合性体育赛事也须通过规范的申办程序，一般由各地体

育行政部门按照相关规定向国家体育总局及中华全国体育总会、中国奥林匹克委员会等机构申办。

在体育赛事申办过程中,赛事管理者的任务包括以下几个方面:

(1)组成申办委员会(小组)

在决定申办体育赛事后,赛事管理者应立即组建申办委员会(小组),调配专人负责申办工作,着手制订申办计划,必要时须向上级主管部门呈报申办事项。

(2)撰写申办报告,提出总体方案策划

体育赛事申办报告作为一份重要文件,它既是申办者组织赛事的主体方案,也是体育赛事审批机构评估申办工作及办赛能力的主要依据。撰写申办报告必须如实反映申办者的现状(如经济、文化、环境、技术、硬件设施),客观陈述举办赛事的动机和计划,并对赛事做出总体策划方案。一旦赛事申办成功,其申办报告将视同申办者向体育赛事审批机构及公众作出的承诺。

(3)向赛事审批机构提交申办报告

赛事管理者应在规定时间内,按照相关内容及格式要求向审批机构提交申办报告。申办奥运会应向国际奥林匹克委员会提交,申办亚洲运动会应向亚奥理事会提交,申办国际单项比赛应向国际(洲际)单项协会提交,申办全国运动会应向国家体育总局提交并经国务院批准,申办国内单项体育赛事向国家体育总局提交,申办群众性体育赛事应向所在地体育行政部门提交。

(4)组织相关公共关系及宣传活动

组织与申办赛事相关的公共关系及宣传活动目的在于在向公众传递赛事申办信息,展示赛事形象,协调赛事与文化、教育、体育、娱乐等活动的关系。可通过新闻发布会、拍摄宣传片、主题活动等形式开展公共关系及宣传活动,为赛事获取正面评价,树立良好形象。

(5)接受赛事审批者的考察与评估

提交申办报告后,申办者将接受审批者的考察。体育赛事审批机构一般会派专家组进行实地考察,主要考核办赛的基本条件和能力,在完成考察评估后形成考察报告。例如,在申办奥运会过程中,国际奥委会根据申办者提交的申办报告组建团队对申办城市进行初步考察和评估,在此环节获得认可的申办城市才能进入下一轮竞争。

（6）获得举（承）办权

完成对申办者的考察调研后，相关赛事审批机构经综合研究后作出审批决定。在国际重大体育赛事如奥运会的申办收尾阶段，各申办城市将前往指定地点向国际奥委会全体委员进行最终陈述，并根据国际奥委会全体委员的投票结果来决出最终的胜出者。国内大型赛事在确定承办机构后，须报相关主管部门审批方可最终获得举（承）办权。

2. 体育赛事活动的审批

申办国际体育赛事活动应当按照相关程序报批。列入国家体育总局年度外事活动计划，并按照有关规定和审批权限报国家体育总局或国务院审批。举办需要行政许可的体育赛事活动，应当按照规定程序办理。举办高危险性体育赛事活动实施行政许可。国家体育总局指导全国范围内的高危险性体育赛事活动行政许可工作，会同有关部门制定、调整高危险性体育赛事活动目录并予以公布。地方体育行政部门负责所辖区域内的高危险性体育赛事活动行政许可工作。高危险性体育赛事活动组织者应当向地方体育行政部门提出申请，并提交有关规定材料。除以上规定外，国家体育总局对体育赛事活动一律不做审批，公安、市场监管、卫生健康、交通运输、海事、无线电管理、外事等部门另有规定的，主办方或承办方应按规定办理。地方体育行政部门按照国务院、地方人大和人民政府的相关规定，减少体育赛事活动审批；对保留的审批事项，不断优化服务。地方体育行政部门根据实际需要会同当地有关部门对商业性、群众性大型体育赛事活动建立联合"一站式"服务机制或部门协同工作机制。机关、企事业单位、社会组织和个人均可依法组织和举办体育赛事活动。在我国，一般体育行政部门每年发布体育赛事活动目录，确定主办和承办单位。全民健身类赛事一般由地方体育行政部门群众体育处、社会体育指导中心发布赛事计划，通过招标方式委托第三方举办。除这些计划内赛事外，自然人、法人和非法人组织也可根据地方特色自行策划赛事。

赛事管理者在赛事审批阶段应完成以下三项任务：

（1）成立策划（筹备）小组

一般来说，经审批获得举办权的赛事相对简单，一些单项体育赛事（如举办的全程或半程马拉松）或自办赛事只进行一个项目或者是小规模的比赛，因此策划（筹备）工作相对简单。策划（筹备）小组成立后，应调配专人负责赛事确定阶段各项工作的推进，并着手制订赛事计划。

拓展阅读：
《陕西省体育局关于印发〈2023年度体育赛事活动名录〉的通知》

拓展阅读：
《体育总局社体中心关于2021年全国广场舞赛事活动招标评审结果的公示》

拓展阅读：
《全国性广场舞、健美操比赛办赛指南》

（2）撰写赛事举办报告，做出总体规划

赛事举办报告内容应全面、真实，可简要概括比赛的名称、时间、地点、规模、经费来源与保障、举办单位概况、办赛基本条件、接待条件、安保能力、志愿者队伍、筹资计划以及举办和参加体育竞赛的经验及组织管理水平等。撰写赛事总体规划的目的是依据体育赛事主题设计相关展示与互动活动，提高赛事吸引力及关注度。

（3）提交赛事举办报告，等待审批

申办者应在规定的时间按照统一要求向赛事审批机构提交赛事举办报告，并等待审批决定。

三、体育赛事选择与确定阶段注意事项

（一）论证评估要科学

体育赛事的论证评估是赛事决策的依据。体育赛事的论证评估应科学准确，力求将与体育赛事有关的资源、技术、市场、财务、经济、社会、环境等方面的数据真实、完整地呈现在决策者面前，以帮助其作出正确决策，为体育赛事的成功举办打下基础。体育赛事论证评估中的偏差会导致后续管理过程中出现一定风险，会浪费人力、物力和财力，甚至实现不了利益相关者的需求，在社会上造成负面影响，赛事目标将难以实现。

（二）财务评估要分层

财务评估应坚持定性分析和定量分析相结合，主要是识别体育赛事项目财务费用和效益，管控各类财务费用，并结合一定的预测方法对赛事财务费用的使用效益进行预测和分析，再结合赛事项目财务报表编制体育赛事财务评估指标，最终通过分析这些数据，确定体育赛事的财务可行性。

赛事预算直接关系到体育赛事管理效果，预算要灵活主动、留有余地、分层掌握，以避免突发事件导致的应对不力。此外，各类财务预算的指标设置应科学适宜，避免过高或过低。

（三）考虑体育赛事的风险性

体育赛事的风险是客观存在的。体育赛事参与的人员广泛，且受不同政治、经济、文化因素的影响；体育赛事所涉及的场馆、器械、设施等因

素较为复杂，这些因素中任何一个环节都有可能导致风险。本节所介绍的体育赛事风险是根据管理学基本原理按照管理要素（包括人、财、物、时间、信息）划分的，主要包括以下几种风险：

1. 人员风险

"人"是管理要素中最重要的因素之一。体育赛事参与人员主要有运动员、教练员、裁判员、官员、观众、志愿者、赛事管理者以及中介人员等。体育赛事参与人员由社会不同领域的人临时组建而成，由于涉及人员广泛，身份来源较为复杂，这会给赛事组织活动带来潜在风险。

2. 财务风险

财务风险是指赛事活动中从事与货币或货币计量有关的活动中存在的风险。如体育赛事资金的筹措、融资、回收过程中与实际结果产生的偏差，汇率波动导致外汇资金结算时产生一定风险，还应考虑人工成本、税收成本及可利用的税务优惠等，都是赛事财务风险范畴。

3. 场地器材风险

首先，与体育赛事相关的建筑物、仪器设备、器材器械等在建筑、安装、维修和使用期间由于意外事故、人员损坏和不可抗拒因素会带来风险。其次，场地器材在设计和使用过程的不规范操作也会带来危险，如看台坍塌、过道拥挤、未安装灭火器等。

4. 时间风险

时间风险主要指的是体育赛事举办时间不妥或时机不恰当可能会带来的风险。首先，不应忽略气候等因素的影响，应尽量避免在极寒或极热的天气下举办赛事。其次，应尽避免量与其他重大活动相冲突。最后，体育赛事各项活动的时间安排应准确而具体，在时间安排上还要留出空间以应对意外事件的发生。

5. 信息风险

伴随科技进步以及社会信息化程度快速发展，尤其是数字技术的发展，云计算、大数据、物联网等走进人们的日常生活，它们为信息传递带来便捷的同时也带来了信息安全问题。例如，设备故障、计算机病毒或人为破坏会导致数据丢失，也可能会造成数据库受损，信息传递的准确性、完整性受到影响。因此，在信息传递过程中，体育赛事管理者要采取一定措施避免各种信息风险。

第二节 体育赛事筹备与举办阶段

体育赛事筹备阶段是指取得赛事举办权后直到赛事正式举办的这一准备阶段，体育赛事筹备阶段是赛前准备工作阶段，此阶段要为赛事举办阶段各比赛项目和其他主题活动的顺利进行做准备，要制定体育赛事总体工作方案以及体育赛事计划，在体育赛事管理整个阶段中历时最长。

不同类型体育赛事的筹备阶段在时间跨度上有所不同。重大体育赛事的筹办时间通常为3~7年，如奥运会为7年，世界杯足球赛为6年，亚运会为4年，全国运动会为3~4年。小型单项赛事的筹办时间一般为半年，社区级别体育赛事需要1~2个月。

一、体育赛事筹备阶段

（一）主要任务

1. 成立赛事组织机构

体育赛事组织机构应与竞赛类型和规模相适应。体育赛事组织机构内部各职能部门分工要合理、职能要清晰、责权利要分明，以优化资源配置，做到统筹兼顾。

体育赛事组织机构的设置没有固定的模式。大规模、综合性体育赛事的办赛任务较重，可以设置各项职能部门，如1987年第六届全国运动会共设置了12个部门共44个处室，2022年北京冬奥运和冬残奥会的组织机构达到了"21部＋2个运行中心"的规模；规模小的体育赛事应以任务为导向尽量精简组织机构。

2. 制订体育赛事计划

体育赛事计划是指在赛事申办成功后对体育赛事的总体运营进行详细的规划。可根据资源确定计划目标，再规划战略计划，直至制订出具体作业计划，通过体育赛事实施达到预期目标。体育赛事计划的流程如图2-2所示。

图 2-2　体育赛事计划流程图

按体育赛事规模大小、体育赛事类型及竞技水平的高低，体育赛事管理活动对计划职能的需求和依赖水平不尽相同。例如，夏季奥运会等大规模体育赛事组织结构复杂，参与人数众多，涉及部门较多，对计划职能的战略性作用就有较高的依赖性。

3. 抽调相关人员，明确分工和职责

体育赛事各项计划的实施以及相关工作的推进需要各类工作人员共同完成。体育赛事管理者可根据赛事性质与规模、组织架构设置情况、机构编制计划及人员配置计划等抽调相关人员，可以抽调体育场馆专职人员、社区志愿者、学生志愿者等充实到赛事岗位，应明确岗位分工，确保相关人员认真履行岗位职责。

考虑到体育赛事活动的专业性及社会影响力，应安排各类工作人员进行专项业务学习和培训。首先，应重视针对赛事高层管理人员的管理技能培训。管理技能培训的目的是全面提升赛事综合协调水平，培养高层管理人员的"大局观"，以提高赛事整体运行效率。其次，应进一步加强基于赛事关键岗位的专项技能培训。裁判、竞赛编排等岗位是保证体育赛事正常运转的关键岗位，既要针对具体比赛项目的特点对上述关键岗位人员进行赛前专项培训，也要让他们熟悉赛事流程和临近岗位的业务，以确保跨部门跨流程之间的协调。最后，对相关服务保障工作人员进行技能培训。例如，赛事医疗保障、志愿者等岗位的工作人员在比赛中各司其职，但在赛前要让他们熟悉比赛流程及比赛中特定项目的技术特点，以提高服务的针对性，对于一些潜在的风险点做到心中有数。

4. 制订进度计划

体育赛事计划完成后，可按照职责和分工，制订清晰的、具体的、可

操作的进度计划。体育赛事进度计划包括所有工作任务、相关成本和完成任务所需要的时间预估等。在制订体育赛事进度计划时，应列出任务清单，如竞赛任务清单包括注册、报到、比赛、奖金／奖品等，营销任务清单包括媒体转播权、集资、拨款、广告、赛事手册、推广、赞助、门票、版权等，可将体育赛事进度计划制作成相关工作进度表或工作流程图，以完整清晰地展现出整体进度和计划安排。

5. 全面启动筹办工作

当赛事筹办工作全面启动时，要确保各项工作有条不紊逐步推进，确保责任到人，落实任务到岗。在此阶段，应全面开展各项工作，并加强岗位之间以及部门之间的沟通与协调，保证各环节高效运转。启动筹办工作后，可从以下几方面做好保障工作：

（1）场馆场地保障

场馆场地是举办体育赛事的基础条件，是保障赛事运转的重要基础设施。目前，国内体育赛事的场馆场地不仅包括综合性体育场、游泳馆等固定场馆场地，还包括临时使用的公共区域。在城市及旅游景区等公共区域举办体育赛事极大增加了场馆场地保障工作的难度，体育赛事管理者不仅要做好赛区内的场馆场地管理工作，还要积极获取公共交通、旅游景区管理部门的支持与配合。在赛前应保持场馆场地环境整洁卫生，固定场馆还应防止外人进入。同时，还要考虑因突发事件造成的体育场场地的闭环管理，做好预案。

（2）运动器材设施保障

应核验场馆中各类运动器材和设施的日常维修和保养记录，有效排查故障隐患，确保比赛中使用的各类运动器材设施处于正常状态，并按规范将各类运动器材设施有序堆放至比赛指定地点。

（3）竞赛筹备保障

竞赛筹备工作主要包括：① 运动员报名注册。注册是竞赛的基础工作，是运动员取得参赛权的认定和标志。通常体育行政部门组织的体育赛事都需要注册，而群众性社会赛事则要求参赛者报名。② 编写竞赛秩序册。竞赛秩序册是对竞赛项目进行编排，保证竞赛秩序、实施竞赛计划的重要文件。③ 选派技术代表或技术官员。技术代表是主办单位派驻竞赛处负责竞赛业务的最高指导，全权处理竞赛工作的各种问题，属于管理人员。技术官员可以理解为竞赛执法队伍和监督队伍，包括仲裁委员、裁判员和辅助裁判员，属于执行人员。

（4）医疗卫生保障

医疗卫生保障工作的目标是为体育赛事提供整洁卫生的比赛环境。首先，应完善医疗卫生专项方案，储备充足的医疗急救设备和药品，并确保相关物资供应顺畅。其次，应加强对相关医疗救护人员的业务培训，做好医疗救护突发事件演练，做好与定点救治医院的协调。另外，与提供食宿、餐饮的单位签订责任书，确保食品安全，并开展针对赛事相关餐饮、住宿等服务场所的卫生检查，对场馆周边的公共卫生环境进行整治。最后，还要制定应对医疗、卫生突发事件的预案，为赛事顺利运转提供保障。

（5）市场开发保障

市场开发的目的是依托赛事资源通过市场行为增加赛事收入。大型赛事市场开发工作具体体现在商业赞助、门票收入、媒体转播权的销售、特许经营、社会捐赠等活动上，社会性体育赛事的市场开发主要有商业赞助和社会捐赠等。

（6）赛事宣传保障

赛事宣传保障工作主要是通过宣传报道为赛事集聚人气，提高赛事影响力，树立赛事品牌形象，并兼顾社会效益和经济效益，营造良好赛事氛围。赛事宣传的主要目的是提升公众对赛事的关注度和参与度。

6. 试运行与改进

通常情况下，体育赛事在正式比赛前须进行一定规模的试运行，通过模拟真实赛况测试前期筹备工作成效。大型综合性赛事在正式比赛前 1~2 年会举办模拟赛或演练赛，小型单项赛事在正式比赛前 2 周~1 个月举办演练赛。通过试运行，全面检查比赛环境、场馆、场地、器材设备等运转状况，查看各项保障资源是否到位，检验赛事各环节之间的衔接是否顺畅，提前发现各类问题以便在赛事举办前及时改进，从而进一步完善相关管理机制，为赛事的顺利举办保驾护航。

（二）注意事项

在赛事筹备阶段，体育赛事管理者应注意以下三点：

1. 提高人员工作效率

在赛事筹备阶段，各项工作已全面展开，工作人员已到岗就位，此时应注重管控人员的工作效率和赛事运作效率。在赛事筹备中，大型体育赛事应重点监控"职责不清""人浮于事"的现象，以便在赛事举办前理顺机制，避免人力资源浪费。在赛事模拟测试时，还应监控整体运作效率，重点关注各环节之间的衔接和配合。

2. 确保沟通协调，保持信息畅通

体育赛事的运作效率建立在各职能各环节之间的紧密衔接之上，畅通的信息相当于赛事运作管理的"粘合剂"，可将各类职能部门以及来自不同领域的专业人员连接在一起。在赛事举办前，应建立公开、透明的信息交流机制，也可投入一定资金搭建统一的赛事信息化云平台，让人们便捷地获取到所需信息，以便最大限度地让体育赛事的运作管理形成合力。

3. 建立体育赛事活动监管机制

在举办前建立体育赛事监管机制有助于管控体育赛事活动中存在的薄弱环节和潜在漏洞，能有效低体育赛事潜在风险事件发生的概率。体育赛事监管机制应确保实现覆盖计划、组织、保障等全程的监管，其关键着力点在于"风险隐患的排查""应急预案的制定""问题的及时处置"三个环节，实施成效取决于能否有效建立赛事监管责任体系以及落实相关赛事参与方的主体责任。

二、体育赛事举办阶段

体育赛事举办阶段是指从体育赛事正式开始到全部结束的阶段，也称体育赛事的竞赛阶段，它是整个体育赛事运作阶段中的核心组成部分。

（一）主要任务

举办阶段的主要任务是以赛事竞赛工作为主的以及围绕竞赛展开的接待等各项服务保障工作。

1. 保障工作

保障工作应先于赛事活动，按预先制订的赛事计划开展。在安保方面，应强化对赛场治安的管控，重点防范比赛现场的风险事件，维护好赛场秩序。在医疗卫生方面，应重点做好比赛现场的医疗救护，配备足够的急救设备，同时也不能忽视对食品安全的监督。在志愿者管理方面，既要根据实际赛事需求精准招募合格人员，也要在志愿者候选人员数量上保持一定的冗余，实现人员调配的灵活机动。

2. 接待服务工作

接待服务工作将在赛事参与人员陆续到达赛事报到处开始。此阶段的工作包括提供所有赛事参与人员的衣食住行，还要为运动员、裁判员参与赛事活动提供指引，为媒体工作人员提供各类支持服务。参与接待服务的人员需要具备一定的耐心，能够将各项烦琐的工作做实做细，并具有一定亲和力，向赛事参与者传递无微不至的关怀，提升赛事品牌形象。

3. 竞赛中的主要管理事项

（1）举办开幕式。开幕式的成功举办能够提高体育赛事的社会影响力，对运动员的士气及竞技状态起到鼓舞激励作用，也能迅速把观众引入体育比赛的"竞赛氛围"。

开幕式规模应取决于体育赛事的级别和规模。一般情况下，重大赛事可邀请贵宾参与，条件允许下可编排一些文艺表演节目以彰显赛事主题，并注重媒体对于开幕式的报道和宣传以进一步扩大赛事影响。小型单项体育赛事以及群众性体育赛事的开幕式应尽量简短，但一般应包括"领导致辞""运动员及裁判员代表宣誓""领导宣布开幕"等基本环节（图 2-3），也可穿插简短的文艺表演节目。体育赛事的开幕式应追求节俭，力求实效，杜绝铺张浪费。

（2）对比赛场地、设备和器材进行严格细致的检查，排除风险隐患。

（3）按竞赛计划严格掌控时间，防止赛事组织出现混乱。

（4）确保裁判员队伍的公正执裁，对赛场中出现的疑义、争执应及时处置，必要时交由仲裁委员会裁决。

（5）做好观众的组织管理工作，在一些关键比赛及关键回合中对可能出现的球迷闹事、观众不理智行为等突发情况做好预案。

（6）颁奖工作。颁奖是竞赛工作中受到较多关注的环节，应按程序在比赛结束前提前做足准备，提前安排好颁奖嘉宾、奖品等，待比赛项目结束或赛事闭幕式时统一颁奖，应颁发包括运动员、教练员、裁判员、工作人员、主办方和代表团的各类奖项。

（7）举办闭幕式。大型综合性体育赛事一般会设有单独的闭幕式环节（图 2-4），活动流程与开幕式相类似。一些群众性或商业性赛事也可取消闭幕式环节，赛事在完成最终阶段比赛项目后自然结束。

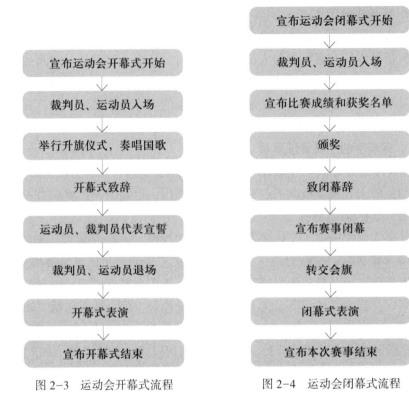

图 2-3　运动会开幕式流程　　　　图 2-4　运动会闭幕式流程

（二）注意事项

1. 有效应对突发事件

在比赛过程中，运动员的情绪失控、打架斗殴、伤病甚至猝死等风险事件难以避免，观众中的情绪对立、踩踏、纵火等事件也会伴随着赛事剧情而突然到来。此外，一些食品安全、公共卫生等方面的不利事件经由媒体报道也会对赛事形象带来预想不到的后果，并引发民众对赛事的质疑。在以往国际性体育赛事中，在颁奖环节也发生过运动员道德失范事件。甚至在赛事接待中，工作中的不细致、不周到也会影响运动员的情绪进而带来一些隐患。体育赛事管理者不应忽视赛事举办过程的每一个细节，务必做到防患于未然。当不利事件已经发生时，首先应第一时间启动相应风险管控预案，一旦有预想之外或超过预期的事件发生，尤其是该事件可能带来重大损失时，体育赛事管理者可不必遵循预案流程，应当机立断果断采取措施迅速给予处置，使突发事件带来的不利影响降到最低。

2. 加强赛事过程中的控制

赛事举办过程中的控制主要体现在对财务成本和人员两个方面的管控。赛事在举办阶段产生的费用主要包括场地费用、办公耗材费用、人员费用、营销费用、管理费用等，可通过调阅档案等方式分析以往类似赛事财务决算数据，在各办赛环节中分别进行识别并将所有费用支出分为"重要费用支出""必要费用支出"和"非必要费用支出"三类，对于"重要费用支出"可弹性管控以保障赛事运转，对于"非必要费用支出"则应严格按预算做好监管。赛事在举办阶段的人员管控难点在于把握好"制度"和"授权"的平衡。一方面，作为一个具有众多职能机构的组织，体育赛事举办过程中在人员管理上应有一定制度约束以保证体育赛事活动整体的组织严密性，以保障赛事活动高效运转。另一方面，体育赛事活动涉及面广，影响因素复杂，变量多，许多突发事件难以预料，因此，人的主观能动性不能限制在赛事具体的岗位职责中，体育赛事管理者应给予基层员工一定的授权以第一时间处置突发事件，并要在组织文化建设中创造鼓励员工主动作为的氛围。

第三节 体育赛事收尾阶段

体育赛事收尾工作琐碎、繁杂，有时容易被轻视和忽略，收尾工作是整个赛事的结束阶段，包括赛事的整体评价工作，评价是否达到了办赛目的，评价赛事社会收益、经济收益如何。因此，体育赛事收尾阶段的工作应该得到足够重视。

一、体育赛事收尾阶段主要任务

体育赛事收尾阶段是指完成主要竞赛活动后，细致地清点赛事后期阶段所有工作，同时对赛事进行全面的评估和总结，做好财务决算，形成全面规范的总结报告，并妥善安排好人、财、物等相关资源的阶段。体育赛事收尾阶段的主要任务包括以下几个方面：

（一）全面进行赛事结束后的收尾工作

体育赛事管理者应制订详细的收尾工作计划，各职能部门组成若干工作职能小组，委派专人负责处理赛事后期各项收尾事项，主要包括以下几个方面：

（1）办理参赛队伍的离赛手续。

（2）及时处理比赛场地、器材、设备等物资。

（3）财务决算，平衡账目。对应收付款项及时清理结算，并制定赛事管理期间的全面财务报告。

（4）整理、移交并归档有关文件资料。

（5）编制和印发比赛成绩册。

（6）表彰与答谢。对赛事管理内部表现突出的人员给予肯定、表彰，对赛事运作外部机构及人员给予感谢。

（7）赛事相关人员的后续管理工作和赛事机构的撤销。

（8）工作汇报和总结。

（9）进行奖励。

（二）完成赛事评价，提交赛事总结报告、审计（财务）报告

赛事评价是指对赛事实施细致的观察、测量和监视，以正确评估结果。赛事结束后，对体育赛事进行评价，可以提供体育赛事的基本轮廓和重要的统计结果，为体育赛事参与者提供反馈，为进行赛事分析和提高赛事质量提供借鉴。

赛事评价主要包括赛事实施过程评价，也就是对可行性报告与实施过程对比与分析，找差距，分析原因；赛事效益评价即财务评价和经济评价，指标主要包括直接成本、收入、收益等；赛事综合影响评价包括经济影响评价、社会影响评价和赛事环境影响的评价；体育赛事赞助效益评价包括对赞助方和被赞助方的评价，主要指标包括体育赛事赞助的心理效果评定和经济效果评定。

赛事结束后，大型比赛要撰写赛事总结报告，编制审计（财务）报告，审计（财务）报告经审计部门审核后，与总结报告一起报主办单位审批备案；小型比赛无须审计（财务）报告，但要做到账目公开。

二、体育赛事收尾阶段注意事项

（一）快速恢复对各类社会资源的占用，减少赛事遗留痕迹

无论在大型体育中心等场馆举办的竞技体育赛事，还是在城市及旅游

景点公共区域举办的马拉松赛和自行车赛，都会在一定程度上占用车道、停车场、人行道等社会资源，给人们的日常生活带来一定影响，赛事带来的人群聚集也会留下大量生活垃圾，对于户外媒体、电视媒体中的优质资源的长时间占用也会引发一些问题。因此，在赛事收尾阶段应尽快恢复对上述各类社会资源的占用，减少赛事遗留痕迹。

（二）有效分析各类数据，全面细致地做好赛事总结

在体育赛事收尾阶段，应注重保留各类赛事数据，包括财务数据、营销数据、工作人员数据、媒体关注数据、观众行为数据等，基于对数据的分析结果全面复盘赛事活动全流程，注重挖掘其中的规律，进而分析赛事管理过程中的得与失，在此基础上对赛事作出全面系统的总结，从而为将来再次举办赛事打下坚实基础。

实训与思考

实训练习

扫描二维码查看案例。

结合案例分析体育赛事筹办阶段的主要任务。

思考题

1. 简述体育赛事管理阶段的划分与主要任务。
2. 体育赛事选择阶段注意事项有哪些？
3. 运动会开、闭幕式环节包括哪些？
4. 简述体育赛事收尾阶段的主要任务。

案例：陕西省第十七届运动会筹备工作方案

第三章

体育赛事计划

本章导言

　　体育赛事计划在体育赛事整体运作过程中具有重要作用。它是制定体育赛事各项工作方案的重要依据，是体育赛事在筹备组织建立之后最先要做的工作。制订体育赛事计划的目的在于事先分析内外环境，指明赛事管理的方向，从而在赛事运作过程中，规避各种非确定因素带来的风险。同时，为接下来体育赛事的运行制定各项控制指标。本章将从体育赛事计划的分类，体育赛事计划的构成要素，体育赛事的组织计划、资源计划，以及体育赛事活动方案的撰写等方面展开探讨。

知识目标

1. 了解体育赛事计划的特点及分类，明白体育赛事计划的构成要素。

2. 掌握体育赛事活动策划程序、内容。

3. 掌握体育赛事活动策划方案的格式框架。

4. 熟悉体育赛事组织结构。

5. 熟悉体育赛事人力资源计划、资金资源计划、物资资源计划相关内容。

能力目标

1. 学会绘制并使用体育赛事常用流程图。

2. 能够设计、撰写体育赛事活动方案。

3. 懂得选择体育赛事合适的组织结构。

4. 可以合理安排体育赛事人力、资金、物资资源。

素养目标

1. 通过了解体育赛事计划过程中涉及的管理、实施、制度、资源等方面的要求，明白体育赛事中的公平与公正、精彩与感动以及高效的组织运作，理解体育赛事的制度文化、精神文化，能够向社会传递正能量。

2. 通过分析体育赛事人力资源，懂得体育赛事工作中的奉献、友爱、互助等精神。通过了解体育赛事计划的创新形式和作用，培养勇于创新的精神。

第一节 体育赛事计划概述

体育赛事计划贯穿体育赛事管理的整个过程，是体育赛事管理过程详细的指导方案。体育赛事计划是体育赛事筹备组织在建立之后，对体育赛事管理过程进行的理论规划及设计，也是对在体育赛事申办成功后制订的体育赛事计划的进一步细化。制订体育赛事计划要考虑到所管理体育赛事的特点，在其特定的内外部制约条件下，明确体育赛事的目标，挖掘、分析及整合资源。体育赛事计划是管理体育赛事设计具体的实施方法和途径。

通过体育赛事计划，体育赛事管理团队可以清楚地了解体育赛事想要达到的目标，体育赛事的各个组织部门都可以明确地知道他们在何时要做何事。清晰的体育赛事计划有利于及时准确地配置资源，有利于组织各部门的协调、配合，有利于增强团队凝聚力，有利于控制整个运作过程的风险。

一、体育赛事计划的特征

（一）目的性

任何体育赛事都有一个或多个明确的目标，通过完成这些目标来实现体育赛事的预期任务。所以，体育赛事计划具有很强的目的性。制订体育赛事计划时，要通盘考虑体育赛事的要求，包括体育赛事管理各个方面。

（二）针对性

计划的制订涉及体育赛事管理的各个部门和机构，所以体育赛事计划要完整、细致且有针对性。

（三）动态调整性

体育赛事计划反映的是一个复杂的运作系统，实施过程中环境会变化。所以，体育赛事计划需要根据体育赛事管理的规范不断进行动态调整，以保证完成体育赛事目标。

二、体育赛事计划的种类

体育赛事计划受到赛事组织层次水平、内外部环境以及组织资源的影响，不同类型、不同规模和不同水平的体育赛事对计划有着不同的要求与体现。总体来说，体育赛事计划可以分为战略计划和作业计划。

1. 体育赛事战略计划

体育赛事战略计划是体育赛事主办方依据体育赛事目标把握体育赛事管理全局的计划，是一系列决定组织长期绩效的管理决定和行动。对于大型体育赛事来说，一个详尽的战略计划有利于为整个赛事管理指明方向，避免走弯路、走错路。而对于一些小型体育赛事来说，战略计划一般就通过赛事的总体目标来表现。体育赛事战略计划管理过程如图 3-1 所示。

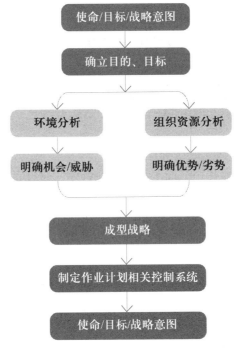

图 3-1　体育赛事战略计划管理过程

（引自：肖林鹏，叶庆晖. 体育赛事项目管理［M］. 北京：北京体育大学出版社，2005.）

2. 体育赛事作业计划

在体育赛事战略计划确定后，计划的实施细节要落实到具体作业计划来完成。体育赛事规格的不同，作业计划的内容也不同，但体育赛事作业计划内容一般都包括竞赛、资金与赞助、营销、风险控制、人力资源和信息管理等要素。体育赛事作业计划在赛事运作的各个任务领域都会有细致的内容表述，如风险管理——合同签订、保险，人力资源——志愿者招募、培训，营销——推广、门票。

作业计划通常由体育赛事各部门内制订，是各部门工作职责的体现。每一个作业计划都有一系列的配套目标，通过完成各个分时段、分项目的具体目标，来促进体育赛事整体目标的完成。作业计划包括行动计划和进度计划，详细说明下设部门或个人的分工情况，以及控制系统和资源分配等方面的情况。

体育赛事计划具有一定的灵活性。体育赛事的规模不同，战略计划和作业计划的作用也不同。如对于奥运会这类大规模体育赛事来说，战略计划的作用尤为突出，对于单项体育赛事来说，作业计划的作用更为重要。

三、体育赛事计划的构成要素

体育赛事计划体现了体育赛事管理者及工作人员准备做什么，什么时候做，由谁去做以及如何做等问题，即对未来行动方案的说明。

体育赛事计划始终围绕着赛事目标，系统地确定赛事的各项工作任务、安排工作进度、编制资源预算等。体育赛事计划一般由赛事概述、赛事管理目标和范围、赛事进度、赛事资源及风险管理等要素构成。

（一）赛事概述

赛事概述是用简洁精练的语言，简要介绍体育赛事的整体情况。其内容主要包括体育赛事的名称，主办、承办单位，赛事背景，目前运作情况和赛事亮点等。

（二）赛事管理目标和范围

体育赛事的目标是指根据各个体育赛事的自身性质和特点为体育赛事管理进行定位，它是制订体育赛事计划的前提，是体育赛事计划内容的基准和统领。体育赛事管理目标确定后，应该明确为完成目标所要做的各项工作，也就是体育赛事管理的范围。通过对体育赛事管理过程中各项事务的安排及筹划，做到全面控制、评估整个体育赛事管理的进度。同时，通过分解工作可以使体育赛事的管理职责明确、秩序清晰，减少规划的失误。

（三）赛事进度

体育赛事进度计划是表达体育赛事管理过程中各项工作的开展顺序、起始时间以及相互衔接关系的计划，直接影响体育赛事的管理及评估。体育赛事进度计划要列出体育赛事管理的主要工作内容和步骤，注明工作的起止日期和负责人。

流程图是制订进度计划的重要表现形式，具有直观、详细的特点，可以显示要完成的任务、由谁来负责哪项任务、完成任务的时间限制，以及任务与任务之间的关系情况。在体育赛事管理中常用的流程图有甘特图和网络图两种。

1. 甘特图

甘特图（Gantt chart）就是流程图的一种，它是一种二维平面图，由甘特发明。它的横轴表示时间，纵轴表示安排的任务和活动，水平长条线表示在整个期间内计划和实际活动完成的情况。图 3-2 为体育赛事进度甘特图示例。

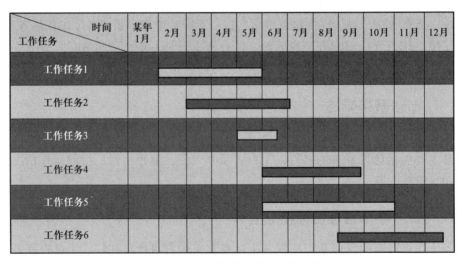

图 3-2　体育赛事进度甘特图示例

甘特图的时间维度可以依据项目计划的需要，以小时、天、周、月、年等作为度量单位，一般来说大型体育赛事总体计划多以月、年来表示。

甘特图的最大优势是直观，工作任务什么时间应该开始，什么时间结束，一目了然。甘特图还可以清楚地对比工作任务进度是否符合计划安排，方便体育赛事管理者及时理清已完成的任务，知晓还剩下哪些任务，并且可以评估工作的进展情况。但甘特图也有劣势：第一，它不能体现工作任务之间的相互关系；第二，它不能表示工作任务如果提前或滞后开始而带来的后果；第三，它没有表明项目活动执行过程中的不确定性。这些缺点严重制约了甘特图的大范围应用。所以，传统的甘特图一般只适用于比较简单的小型体育赛事计划，或者在大型体育赛事中作为计划的粗略展示方式，后续还会配以其他流程图。

2. 网络图

网络图是一种类似流程图的箭线图，描绘出项目包含的各种活动的先后次序，表明每项活动的时间或者相关的成本。网络图显示所有按顺序需要完成的任务，包括时间框架、职责和依赖关系，资源要求和关键路径同样可以在体育赛事作业计划中进行运用。

在网络图中，可以清楚地看出工作任务的顺序关系，如图 3-3 所示，礼遇安排是不能在发出邀请函之前进行的，在宣传赛事之前要选择确定场地。同时，图中也显示了哪些工作任务可以同时进行，如下级委员会设立、

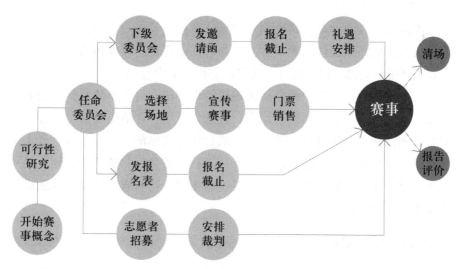

图 3-3 体育赛事进度网络图

（引自：肖林鹏，叶庆晖. 体育赛事项目管理［M］. 北京：北京体育大学出版社，2005.）

场地选择以及寄报名表和安排裁判员可以同时进行。

制订网络图要注意以下几点要求：

（1）网络图中没有循环路线。

（2）可以有多条箭线进入一个活动，但相邻的两个活动间只能有一条箭线。

（3）网络图不能有缺口，从起点开始的任何使箭线都有通路可以到达终点。否则，前后活动将失去联系。

（4）箭线的两头必须指向活动。

（5）为表示体育赛事管理的开始和结束，在网络图中只能有一个起点和终点。

（6）网络图绘制要简单明了，尽量将关键路线布置在中心位置。箭线尽可能避免交叉。

在体育赛事管理中常使用甘特图和网络图这两种流程图把体育赛事管理整个过程分解成一个个可以分工、管理的工作任务，赋予这些工作任务合理的时间限制。因此，甘特图和网络图可以用于体育赛事某一阶段的管理领域，也可用于体育赛事整个运作过程的管理。

（四）赛事资源

体育赛事资源计划就是要预先估算体育赛事管理过程中人、财、物的需求情况，从而保证体育赛事各类资源的供给充足。具体包括每一项工作需要用到哪些资源，以及在各个阶段需要用到多少资源。

其中，人力资源计划就是运用现代管理办法，对从事体育赛事的人力资源科学地进行计划、招聘、培训、遴选、任用、评估以及对员工福利保障的计划。资金资源计划是通过预先估计体育赛事的支出与收入，最大限度地保证体育赛事运营能够收支平衡甚至获得盈余。物资资源计划包括对赛场、交通运输、安全保卫、医疗卫生、餐饮住宿和媒体转播等设施设备及服务需求的计划。

（五）风险管理

风险是客观存在的，体育赛事风险管理是对体育赛事管理过程中潜在的危险进行评估并预先采取防范措施的行动。

体育赛事风险一般表现在行政管理、营销和公共关系、健康和安全、人群管理、安全、交通等方面。所以在制订体育赛事计划时，就要充分考虑有可能发生的危机事件，并制定相应的解决办法。

四、体育赛事活动策划

体育赛事活动策划是一项系统性工作，是按照体育赛事活动的发展规律开展的。受体育赛事活动类型、规模、主办方等因素影响，体育赛事活动策划的程序、内容等都会有所区别。在制定体育赛事策划方案时，要明确体育赛事的目标，使制定的方案符合体育赛事管理的客观规律。

（一）体育赛事活动策划的内容

在赛事实施阶段之前，体育赛事活动都体现在策划方案，体育赛事活动策划的内容主要有以下几个方面：

1. 体育赛事活动主题策划

体育赛事活动所有的要素都要适应赛事主题，这些要素包括命名、商标、地点、装饰、吉祥物、特许商品等。因此，确定主题是体育赛事活动策划的核心。

体育赛事活动主题要能够反映当地历史文化，弘扬当地人文精神，符合当地整体形象定位，并要有创新，顺应时代潮流。

2. 体育赛事活动配套任务策划

体育赛事活动配套任务包括配套会议及配套活动。配套会议包括高峰会、研讨会、论坛等，是很多体育赛事活动必不可少的内容。策划内容包括对嘉宾人选、会议内容、会议形式等进行策划。体育赛事配套活动一般采用群众性体育健身和趣味运动会、群众性文化艺术活动等形式，通过这些活动做好体育赛事活动宣传，维护良好的公共关系。

拓展阅读：安徽省第九届茉莉花全民健身展示大赛活动指南

3. 体育赛事活动宣传推广策划

通过体育赛事活动的宣传推广传递体育赛事信息，包括体育赛事筹办、组织、运动员、教练员、裁判员、比赛成绩、赛场内外花絮等内容；宣传推广方式有新闻发布会、合作伙伴签约仪式、招商招展、市场开发启动仪式、倒计时活动、会徽吉祥物评选活动、酒会、文化活动、广告等。在策划过程中经营者必须对资金资源、比赛时间、运动员级别和影响力、潜在合作对象、承办地的经济文化和人口等方面进行分析评价。

其中，体育赛事文化活动主要包括开幕式、闭幕式、火炬点燃及传递、文化展演等。策划体育赛事文化活动应该注意：开幕式要体现承办地对参赛者的欢迎；火炬的点燃与传递要反映出体育赛事的神圣、荣耀和伟大；开幕式、闭幕式要体现所有参赛代表队的参与，以及各代表队之间的美好友谊；邀请媒体参与。

4. 体育赛事活动保险策划

拓展阅读：东京奥运会延期影响巨大，保障运动员权益至关重要

影响体育赛事举办的因素很多，包括社会、政治、经济、自然等方面。比如因为新冠疫情暴发，2020 年许多体育赛事或停办或延期或缩减赛季。影响比赛能否顺利进行的因素多种多样，主要包括资金、场地、组织方、运动队（运动员）、交通、通信等，如比赛期间运动员的物品遗失，场地停电影响比赛正常进行。

为了减少上述可能出现的问题给体育赛事活动带来的风险，详尽的保险策划是重要的手段之一。根据赛事规模、性质的不同，体育赛事活动可以在竞赛规程中要求运动员自备保险，或者由体育赛事管理者向保险公司投保，也可以将有关体育赛事的保险事宜交给保险经纪人代理。

5. 体育赛事活动实施策划

实施策划包括制定竞赛规程、编制秩序册、组织接待工作、比赛实施等方面。

竞赛规程是比赛实施的指导性文件，是所有参赛队必须照章执行的法律法规文件。其中主要包括参赛运动员资格、要求，报名时间、地点，食宿安排、标准，参赛费用，技术及裁判规则，比赛方式及裁判员的委派，比赛时期，名次的确定、奖励，最佳奖项的评选等。

秩序册是明确表述体育赛事组织管理工作和比赛具体日程安排的法律法规文件。

拓展阅读：河北省第十六届运动会（艺术体操A、B组）项目秩序册

组织接待工作包括运动员、裁判员、组织管理人员等人员的接送、食宿等方面；拟定宾客名单，设计寄发（送）邀请函，指定专人负责联系及接送服务；设计制作贵宾证、嘉宾证、代表证、记者证、工作证、通行证、指路牌、席签，妥善安排来宾座席等。

比赛实施就是按照秩序册的日程、场次、轮次和时间安排进行的比赛组织过程。实施策划要对人员入场、退场，票务预订、销售，交通管制等做好详细的策划安排。其中，门票经营策划要考虑针对不同目标市场需求进行策划，销售渠道多样化，可采用适当的促销手段。

（二）体育赛事活动策划方案

在策划的准备阶段，自身、环境分析任务结束后，就应开始撰写体育赛事活动策划方案。依据体育赛事规模、级别等不同，体育赛事活动策划方案的内容与编制格式会有所不同，但从策划的一般规律以及文本制作的基本要求来看，体育赛事活动策划方案具有一些共同要素。下面介绍体育赛事活动策划方案的基本框架、表现形式与报告形式。

1. 体育赛事活动策划方案的框架

（1）封面

体育赛事活动策划方案封面设计，要根据体育赛事活动主题定位而确定。其表现方法通常有以下三种情况：① 只用文字表现；② 用表格加文字的方式表现，使重点更突出；③ 文字搭配符合内容的图片，吸引眼球。

（2）前言

前言的内容一般包括致辞、感谢语、策划者的态度等。前言是传达策划文案要旨的首页。

（3）目录

目录是对正文内容的简要概述。通过阅读目录，阅读者能够迅速地领会体育赛事活动策划方案的逻辑顺序和内容构架。

策划文案撰写人员必须认真设计正文中的每一个标题，强化标题之间的逻辑关联。体育赛事活动策划方案的目录一般设计到正文的二级标题。

（4）正文

正文是体育赛事活动方案的核心部分，正文的编写要遵循体育赛事管理的客观规律，要符合阅读者的习惯，要求层次清晰，文字表述清楚，数字准确。正文的框架内容和格式如下：

① 在正文中，应首先简述策划的目的、进行过程、使用的主要方法等，以使策划审核人全面了解策划文案。

② 策划背景。体育赛事活动策划背景一般是对体育赛事自身属性及对体育赛事外部环境进行分析。一般包括体育赛事来源、规模水平、主题和设计思想分析；体育赛事资金、物资及人力资源的取得渠道、途径及规模情况分析；政策分析；举办地市场情况分析；消费者分析；竞争状况分析；威胁与机会、优势与劣势分析。

③ 策划目的。策划目的的内容主要说明体育赛事活动策划所要达到的

目标、主要办赛理念以及管理基本要求等。

④ 策划内容。体育赛事活动策划内容是指为实现策划目的而设计的具体实施方案。一般来说，体育赛事活动策划的整体内容可以分解成若干个具体工作任务。在策划内容中，要提出具体的赛事活动主题和执行计划、营销策略和实施计划。赛事活动主题和营销策略要具有一定的创意，符合时代潮流。而实施计划则要包括具体执行方法、时间、人员、费用、步骤等实际的行动性内容。

⑤ 策划效果。将体育赛事活动策划的预估效果明确地记录在策划文案中，可以让赛事组织方明确体育赛事活动目的，以及在体育赛事活动策划实施后能够得到预期的回报。

⑥ 策划预算。策划预算一般包括体育赛事活动的总额预算、各个分项工作任务预算和具体作业预算。预算策划得越详细，实施阶段越容易，而且评估控制越清晰。

⑦ 策划进度。策划进度应包括体育赛事活动总体时间确定；体育赛事活动开始、结束时间确定；体育赛事活动进度安排中每项任务分别安排多长时间，在什么时间完成什么任务。

实际进入方案实施阶段后，可能会面临一些难以预料的问题，而要解决这些问题需要时间，会影响进度计划。因此，在策划进度时对于可能突发的工作任务要明确并加以说明，或者在一些工作任务中安排时间余量，以确保不拖延总进度，保证体育赛事活动顺利进行。

⑧ 风险控制。该部分要对计划的实施过程进行前期预测分析，并对可能出现的问题制定一些应对方案。风险控制应包括风险控制策划效果预测；风险控制实施注意事项；风险控制实施过程中的信息反馈、实时应变调整（可选择性方案）；风险评估以及规避风险的对策（应急方案）。

（5）附录（附件）

与策划方案有关的基础性调查数据资料、事例、补充说明内容、设计图文等所有对策划方案有支撑性质的，但无法放入正文中的内容，都可以收录在附录（附件）中。

附录（附件）内容包括政府报告等政策性文件；过往案例、优秀经验等；问卷调查原件，访谈的主要笔录等；基于内外部竞争环境和竞争条件下的态势分析报告（SWOT）；相关设计稿件，如标识设计、广告设计等。

2. 体育赛事活动策划方案的表现形式

体育赛事活动策划方案是一份结构完整、中心思想突出、数据清晰的文本，它包括市场分析、运作方法、控制方法等内容。它一般通过文字、图表、框图、图片等形式表现出来。

（1）文字

文字是体育赛事活动策划方案的主体，方案中利用文字对各种概念、分析、策略等予以说明。文字使用的总体原则就是使阅读者易于理解策划内容。基本要求是：文体统一、文字简洁、结论明确、用语统一、顺序记述、数字使用方法统一。

（2）图表

图表主要用来表达数据的情况。在体育赛事活动策划方案中，柱形图、饼图和折线图等形式能使数据一目了然。

（3）框图

框图主要是为了更好地表现方案的整体结构，以及方案内容相互之间的逻辑关系，使阅读者更容易理解方案的内容。在体育赛事活动策划中，一般以流程图最为常见。

（4）图片

在策划文案中，插图、设计图、透视图、照片等视觉表现会使文字表述很复杂的内容简单化、鲜活化。

3. 体育赛事活动策划方案的报告形式

为了使阅读者了解体育赛事活动策划方案的实质，一般采用以下几种报告形式：

（1）文本报告文件

文本的形式是传统的报告形式，有打印稿、电子稿类型。

（2）PPT 报告文件

加入动态效果和影音的 PPT，比文本形式更直观，更突出重点。

（3）视频、动画报告文件

视频和动画的形式更吸引人。在视频、动画中还可以添加对策划文案的前期解说、分析等，使内容更加完整。

编写策划方案时要注意：文字简明扼要；内容具有逻辑性，句序合理，主题鲜明；运用图表、照片等手段来增强效果；有可操作性。

拓展阅读：
第十四届全
国运动会市
场开发计划

第二节　体育赛事组织结构计划

体育赛事组织结构计划是在体育赛事战略计划确立之后，将各项作业计划分解形成主要任务，依据任务需要设立不同但又互相关联的"角色分工"，通过协同作用推动体育赛事计划的顺利实施。所以，在体育赛事计划过程中要重视对体育赛事组织结构的计划，保证体育赛事管理的整个流程都有相对应且适合的组织部门去实施，并做好监管工作。

一、体育赛事组织结构分类

体育赛事组织结构是体育赛事计划设计的重要组成部分，它是在体育赛事战略计划的指引下，具体完成作业计划的重要保障。

体育赛事组织结构的基本类型主要有简单型组织结构、职能型组织结构、矩阵型组织结构和网络型组织结构。在实践中，各类体育赛事组织结构通常运用图表的形式呈现。

（一）简单型组织结构

简单型组织结构一般运用在小型体育赛事的组织活动中，由最高的赛事管理者做出所有决策（图3-4）。它的优点是组织内部层次分明，组织内上下级管理层按垂直系统进行管理，上下层之间关系简单而直接，体育赛事管理者可以有效地协调赛事的运作。缺点在于当组织的赛事活动超过一定规模时，由单个管理者作出决策会影响决策效率，所以大型赛事不适合这种组织结构。另外，这种组织结构的管理效果与体育赛事管理者的素质密切相关。如果体育赛事管理者不能很好地行使职责，就会对体育赛事的组织管理产生极大的负面影响。

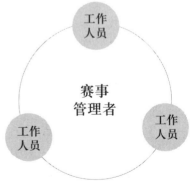

图3-4　简单型组织结构示意图

（二）职能型组织结构

在我国，综合性体育赛事的组织结构一般采用职能型组织结构。职能型组织结构的特点是整个体育赛事的管理组成为一个职能部门，由职能部门对赛事管理的各个领域实行专门化管理。各个职能部门有明确的主管，下级接受本职能部门的相关指令。这种结构的有利之处在于赛事运作参与者被各个专门的职能领域，有效地避免了赛事组织任务的重叠。同时，各职能部门群策群力，资源共享畅通，工作效率较高。当需要增加其他职能任务时，职能型结构可以轻易地从已经存在的各职能中分出新的且有该赛事管理经验的团队。

而其局限性为：不同职能部门各司其职，相互了解不多，如果体育赛事组织部门之间的沟通出现问题，会造成人力、物力、财力的浪费。有效解决这一问题的方式是各职能部门管理者之间召开定期会议，加强沟通，以便各职能部门及时了解该赛事各项进展及需求。

拓展阅读：第十四届全国运动会组织委员会组织架构图

（三）矩阵型组织结构

矩阵型组织结构是在职能型组织结构的基础上增加了工作任务组织，工作任务部门管理者对工作任务的结果负责，而职能部门管理者则负责为工作任务的成功提供所需资源，同时对参与工作任务的人员有组织调配和业务指导的责任。

矩阵型组织结构特别适用于在多个地点举办的单项体育赛事，这些赛事的性质相同，但在不同地点举办，形成独立的比赛赛区，在每个赛区会安排一个执委会来负责这个赛区所有和赛事有关的事务。

矩阵型组织结构的优势在于能将职能与任务结合在一起，既可满足对体育赛事管理专业技术的要求，又可满足对每个分工做出任务快速反应的要求，也可以更充分地利用人力物力资源。但是这种结构也有缺陷，因为一些基础性服务（如安保、交流以及技术支持）要求贯穿所有的赛事活动与赛区，所以让整个赛事顺利运营而不出现赛区间的协调或者职权方面的问题是一个主要的挑战。

（四）网络型组织结构

2023年1月1日开始实施的《体育赛事活动管理办法》规定，取消了很多类型赛事的审批要求。由此可见，之后各式各类体育赛事的数量会越来越多，但不是所有的体育赛事组织者都有赛事管理经验，有的可能并不具备相关的专业技能和经验。为应对这种情况，赛事组织者将一系列产品与服务通过合同等契约方式转让给外部的企业或组织，或者聘请专业的赛事运作管理者作为顾问，构成灵活的网络型组织结构，由专业人员来完成体育赛事的管理。

这种类型的结构优势在于：一是赛事组织方不需要为了这样的短期赛事维持大量的人力资源。赛事的决策层可精简，这使得产出决策的效率高。二是承接体育赛事管理外包工作任务的组织具备专业的技术与经验，能有效地保证赛事的顺利进行。三是赛事预算会变得更为精确，因为一系列成本的控制都通过合同的形式让渡给相关外包组织。但是，网络型组织结构最大的问题就在于赛事组织方对外包合同组织的管理比较松散，在产品和服务质量上很难做到精确控制，同时，各外包组织之间对于共同组织的体育赛事本身可能存在不够了解的问题。如图 3-5 所示。

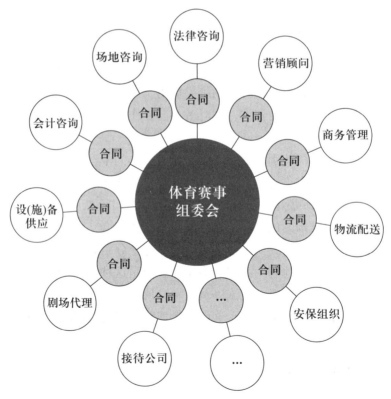

图 3-5　网络型组织结构图

（引自：陶卫宁. 体育赛事策划与管理［M］. 重庆：重庆大学出版社，2015.）

二、体育赛事组织结构计划的要求

建立组织是创造组织结构的过程，组织结构是工作任务被分解、集中和协调后的框架。对体育赛事管理者来说，设计合适的组织结构能够促进任务及时、有效的完成；能够有效划分资源，指导资源的使用；能够指明下级目标，降低目标实施复杂性的责任。

在制定体育赛事组织结构计划时通常要考虑以下三个要求：

（一）符合体育赛事战略计划

体育赛事组织结构计划要以赛事目标为基础，要完全符合赛事的战略计划。例如，不固定比赛举办地、以巡回赛形式偶尔办一次的商业性赛事，选择由某一举办地管理者参与的职能型组织结构就不符合赛事的战略计划，这样的规划不利于该项体育赛事组织管理。

（二）形成主要任务并确定负责人

某项体育赛事的组织结构计划需要将与赛事有关的活动进行聚类集合分析，分解体育赛事作业计划以形成一项一项的主要任务。在繁杂的任务执行过程中，就需要确定负有不同责任并又相互影响的负责人。负责人之间的沟通交流直接影响各职能部门间沟通的效能，形成既自治又相互联系的组织结构。

（三）实现体育赛事增效效应

通过合理规划搭建的组织结构必须具备执行能力，能精准地完成各项指令，组织中的不同职能部门既相互依赖又有各类联动设置，人员与部门之间的各渠道联系最终将形成适合该项体育赛事的增效效应。

在体育赛事组织结构计划中，要充分遵循赛事的战略目标。因此，组织结构的稳定性尤为重要。为了体育赛事组织结构能够稳定运转，需要建立完善的配套制度。各部门按制度各司其职、各尽其责，一旦体育赛事组织实施过程中出现问题，可以立即做到追索权属和责任，快速纠偏回到正轨上，才能确保实现体育赛事的战略计划。

第三节 体育赛事资源计划

制订体育赛事资源计划，须预先确定体育赛事管理中每一项工作需要哪些资源，以及在各个阶段使用多少资源，从而保证体育赛事各类资源供给充足。体育赛事资源计划一般包括人力资源计划、资金资源计划和物资资源计划。

一、体育赛事人力资源计划

人力资源管理是指对人力这一特殊的资源进行有效的开发、合理利用和科学管理的过程。体育赛事人力资源管理包括对体育赛事人力资源的计划、发现、鉴别、选择、分配和合理使用等环节。一个体育赛事组织能否利用好人力资源在很大程度上会影响到赛事管理的效能。

（一）体育赛事人力资源分类

体育赛事人力资源按照雇佣关系可以分为两类：体育赛事雇佣者和体育赛事志愿者。

体育赛事雇佣者接受体育赛事组委会的委托，负责体育赛事的各项组织、管理工作，确保体育赛事的正常运行。

除了体育赛事雇佣者，一般的体育赛事中，人力资源的最大组成部分是志愿者。志愿者分为具备一定的专业技术和专门技能的专业型志愿者与服务型志愿者，国际上各项大型体育赛事都需要数目可观的志愿者参与体育赛事的整个过程，为体育赛事的顺利进行保驾护航。

拓展阅读：
《志愿服务
条例》

（二）体育赛事人力资源特征

体育赛事管理是有明确起点与终点的临时性活动。在一定时间内，体育赛事组织管理机构可能由赛事申办阶段各工作任务团队发展成一个个组织机构。正是体育赛事组织管理的这种鲜明特性，决定了体育赛事人力资源具有人员扩张、流动迅速，人员类别、背景众多，组织文化建立难度大等特征。

（三）体育赛事人力资源计划的目的

体育赛事人力资源计划的目的是系统地预测将来人力的供给和需求，以确保有恰当的数量和类型的人出现在恰当的时间和位置上，这些人能够高效地完成体育赛事管理的任务。

制订计划是人力资源管理的第一步，通过合理、恰当的计划安排招聘、甄选、培训、绩效等人力资源管理工作。

（四）体育赛事人力资源计划的制订过程及内容

体育赛事人力资源计划的制订要充分把握体育赛事的目标，充分考虑内外部环境的特点及变化，分析、描述任务，从而规划好赛事中各岗位对于人力资源的需求，包括所需要人力的数量、资格、技能、经历、工作时间等要求。

体育赛事人力资源计划制订过程包括 4 个步骤：环境分析、工作分析、预估资源和匹配供需。

1. 环境分析

体育赛事人力资源计划是体育赛事战略目标具体体现的重要部分。对体育赛事做内外部环境分析，能把握计划制订的方向。体育赛事环境会受到诸多因素影响，如法律的修改、科技的进步、经济环境等，环境变化会影响体育赛事人力资源的需求。不同体育赛事的人力资源需求是不同的。所以，首先通过环境分析考虑体育赛事目标是什么，为了实现体育赛事目标需要哪些方面的人，完成人员需求计划。

2. 工作分析

工作分析是用具体任务和职责来定义意向工作和明确成功完成工作所需要的能力、技能和资格。

工作分析包括工作描述、工作细节和绩效标准。工作描述是更具体地指出工作存在的理由、工作者将做些什么、工作者在何种情况下做何种工作。工作细节要说明实施工作需要的教育、培训和技能。绩效标准是说明工作表现的预期水平和用以评价工作表现的标准。工作分析后要做好职务编制计划、人员配置计划，要明确员工职责范围和权限的细节，这有助于绩效管理。

案例：志愿者服务部职务编制计划

案例：一般体育赛事人员供给计划表

3. 预估资源

要做好体育赛事组织人员供给计划，在何时需要多少服务人员，何时需要多少营销人员等。人力资源调整是需要预估的，从而保证体育赛事的有效管理。

4. 匹配供需

体育赛事人力资源管理者会根据需求对人力资源做动态调整。如果赛事组织工作人员过多，将不再雇佣新员工，已有的员工将被任命去填补所需空缺。如果体育赛事组织没有足够的员工满足他们的需求，就存在人员短缺现象。在此情况下，必须招聘新员工或者扩大已有员工的工作职责。在此阶段，要做好教育培训计划，招聘新员工之后，要开始进行体育赛事雇佣者和志愿者的教育培训。

人力资源管理是体育赛事顺利进行的核心，完善体育赛事人力资源管理将会为赛事运作提升工作效能。体育赛事人力资源计划的制订者既要具备专业人力资源管理能力，又要具备体育赛事管理能力。体育赛事人力资源计划要充分贴合体育赛事规划，以达到人力资源与体育赛事目标的吻合，实现共赢。

（五）体育赛事人力资源计划的表达方法

体育赛事人力资源计划主要是要分解工作，明确各项工作该由谁来承担，以及各项工作间的关系如何。其表达方主要有框图式、职责分工式和混合式三种。

1. 框图式

框图式就是用框图及框图间的连线来表示人员组织结构的关系。这种形式直观易懂，关系表达也比较清晰，但也有局限性，如大型体育赛事职能型组织结构中的人力资源计划就很难用框图式表达清楚。因此，框图式比较适用于小型单项体育赛事，并且组成成员办赛经验丰富、合作默契，不用详细说明就能够清楚自己的职责范围和相互之间的关系。

在此种情况下，职责分工明确，工作人员分别承担招募、薪酬、培训等各项工作；工作人员之间的协同合作也较多，通常是每个工作人员负责1~2项工作，同时协助完成1~2项工作（图3-6）。

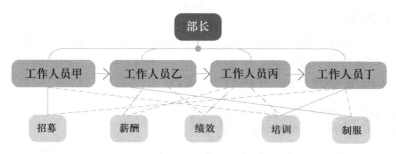

图 3-6 框图式人员组织结构图

（引自：顾小霞. 体育赛事的经营与管理［M］. 太原：山西人民出版社，2009.）

2. 职责分工式

职责分工式是通过公布组织各成员的职务、职责范围来说明各个工作之间的关系。这种形式一般只有文字说明，不如框图式直观明了，但可以完整地表达各成员的职责及相互关系。所以，职责分工式比较适用于过去很少做过或者没有可借鉴先例的新办赛事（图 3-7）。

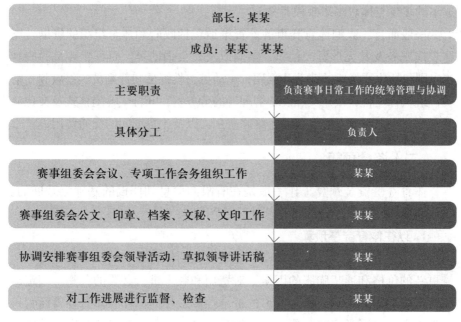

图 3-7 职责分工式人员组织结构图

（引自：梁华伟. 体育赛事组织与管理［M］. 上海：上海交通大学出版社，2019.）

3. 混合式

混合式综合框图式和职责分工式的优点，普遍易懂的部分用框图形式表示，需要详细说明的部分用文字说明。此种形式在实践中用得较多，特别适用于过去没有先例的较大型的体育赛事。

二、体育赛事资金资源计划

举办体育赛事需要资金支持，资金预算的合理与否直接决定体育赛事运营的成败，体育赛事资金计划一般就是指体育赛事的资金预算。

（一）资金预测

体育赛事资金预测的内容通常包括销售预测、资金需求预测和利润预测。其中，销售预测是根据过去的销售情况和市场未来需求对销售量进行的预计和预测。资金需求预测是资金预测的重要组成部分。利润则直接反映了经济主体的经济效益和财务情况。

体育赛事资金预测首先要对体育赛事所需要的费用进行合理的估算，成本的多少与体育赛事规模有关。

一般而言，大型体育赛事的筹资渠道包括政府和体育组织的资助，竞赛表演服务及其无形资产销售，招商以及社会捐助等。而可能涉及的成本支出则包括比赛场馆的建造和租用，运动员、教练员和裁判员的差旅和食宿费，组织管理者、裁判员、设备管理者的劳务费，开幕式、闭幕式及文化活动支出，安全保障、通信及设备维修费用，以及比赛期间的交通费用等。

（二）资金预算

体育赛事资金预算工作一般是在有限的信息和假设的基础上开展的。在编制预算过程中，通常要考虑以下两个因素：

1. 以往体育赛事预算

通过参考以往举办过的规模、性质类似的体育赛事的预算，并考虑所需更新的价格和通货膨胀的因素，对费用和收入进行必要的调整，制定出相对精确的预算来指导体育赛事的资金预算工作。但如果体育赛事运营机构没有举办过同类赛事，那一定要做足市场调研和了解经济学家或政府部门有关区域经济趋势等工作。

拓展阅读：《上海举办全国级以上体育赛事经费扶持和补助管理办法（试行）》

案例：体育赛事成本支出清单表

2. 宏观经济环境

无论大型体育赛事，还是各种小型赛事，宏观经济环境对赛事的成功举办都有一定的影响。强劲而健康的经济指数中一般包括较高的就业率指数、平稳的通货膨胀指数和较高的零售价格指数等。经济环境的稳定有利于制定出合理的资金预算。

三、体育赛事物资资源计划

体育赛事物资资源计划主要是计划赛事的场地、设备、配套服务等资源供给和分配问题，是根据赛事组织运营各阶段物资的从属与数量关系，以每个物品为计划对象，以完成任务的期限为时间基准，制订的倒排计划。按照期限区别各个物品下达计划的时间及数量要求。不同规模和类型的体育赛事以及不同的营销计划对应不同的体育赛事物资资源计划。

（一）体育赛事物资资源计划内容

一般来说，体育赛事组织管理所需的基本物资包括消费者供给、赞助商供给和赛事产品设施供给。

消费者供给是指在体育赛事举办过程中为嘉宾、观众所提供的礼遇或服务，如门票销售、问询服务、贵宾礼遇，消费者供给直接影响消费者的感受。

赞助商供给是指在体育赛事举办过程中为赛事赞助商所提供的服务与物资的供给。它是赞助商回报的重要组成部分，具体包括为赞助商代表提供的住宿、饮食、通行服务，提供相关赛事纪念品等内容。以赞助商通行服务举例，大型体育赛事现在一般做法是将赞助商划分为不同类别，对应不同通行区域进行管理。

赛事产品设施的供给是指满足体育赛事产品和服务的各种需求所提供的物资，如参赛运动员的住宿、交通，场馆、器材供应等。体育赛事设施设备（表3-1）的采购计划直接影响赛事的质量和成本。场馆和场地设施的供应是体育赛事举办的关键因素。以奥运会来说，国际奥委会对举办城市考察的重要指标之一就是能够提供达到比赛标准的场馆和场地。

▶ 表 3-1 体育赛事设施设备供应表

设施		设备	
比赛场馆、场地	公共区	证章	装饰
可备用的场地	接待处	计算机	旗帜
住宿	储物/卫生间	传真机	路障
残疾人设施	贵宾室	文具	显示板
更衣间	准备热身/练习区	桌椅	记分板/成绩板
急救和医护室	销售点	通信设备	必要技术设备
兴奋剂检测室	彩排区	空调	制服/保护服
办公室	会议室	对讲机/电话	照明
新闻室	供电/照明	指示标记	帐篷
失物招领处	展览区等	其他	其他
	汽车停车区等		

（引自：肖林鹏，叶庆晖. 体育赛事项目管理［M］. 北京：北京体育大学出版社，2005.）

（二）体育赛事物资资源计划方法

拓展阅读：二青会的破题智慧

体育赛事物资资源计划通常是与体育赛事资金预算相配套的详细物资计划清单，按照体育赛事各职能部门的具体需求进行计划与管理。

体育赛事各职能部门在做各部门具体资金预算时，会列举出本部门在完成赛事管理过程中的物资需求，形成本部门的物资计划，最终汇总为体育赛事物资资源计划。

案例："青少年体育赛事与活动（2019年京津冀青少年U系列短道速滑冠军赛）招标公告"的办赛需求及竞赛要求

在制订体育赛事物资资源计划时，应充分考虑赛事运作过程中各方的需求，以保证赛事物资供应充足。同时，要重视"再利用"的理念，以达到资源的有效配置，避免公共资源的流失和浪费。

✏ 实训与思考

实训练习

扫描二维码查看案例。

根据案例，分析以下问题：

1. 理解并分析该项赛事的办赛背景、办赛目的、办赛主题。

2. 假定由你来办赛，请为该项赛事撰写一份赛事活动策划方案。

3. 为该体育赛事活动设计组织管理结构。

4. 利用流程图为以上述体育赛事活动策划方案设计详细的进度计划。

思考题

1. 简述体育赛事计划的构成要素。

2. 简述体育赛事管理结构组织的类型、各自的特点，以及分别适合用于哪种类型的体育赛事。

3. 通过本章的学习及日常生活的了解，谈谈你对体育赛事精神文化的理解。

第四章

体育竞赛管理

本章导言

体育竞赛管理是整个赛事管理的核心环节，也是整个赛事管理的关键和主要内容。赛事期间的所有活动内容体现在竞赛管理的各个环节，对于体育赛事的成功管理具有重要意义。本章主要从体育竞赛管理概述、体育竞赛过程的组织与管理、竞赛人员管理和体育竞赛的后勤管理四个方面等进行介绍。

知识目标

1. 掌握体育竞赛管理的概念、特征。

2. 掌握体育竞赛过程的组织与管理以及竞赛人员管理。

3. 掌握体育赛事后勤管理内容。

能力目标

1. 能够运用所学知识开展体育竞赛的赛前、赛中、赛后的组织工作。

2. 能够进行体育赛事后勤管理工作。

素养目标

1. 通过掌握体育竞赛管理工作的内容，提高对行业的认识，增强从业信心。

2. 通过掌握体育赛事志愿者的参与情况，了解体育赛事志愿服务是大学生参与社会活动的一种重要方式，是大学生对个体生命意义的积极审视，涵养"奉献、友爱、互助、进步"的志愿服务精神。

第一节　体育竞赛管理概述

体育竞赛管理与体育赛事管理不同。体育赛事管理主要是指对体育赛事整体的组织与管理，管理的范围更广、内容更多，涉及赛事的营销与运营、场馆建设、安保、交通等方面；而体育竞赛管理主要聚焦于体育竞赛工作开展的组织管理活动，其范围相对更小、内容更具体。

体育竞赛管理工作是一项系统工程，而竞赛管理是体育赛事管理的核心。其实质内容是进行体育竞赛活动的全程管理，由竞赛管理人员和体育赛事参与者（如运动员、裁判员、观众、志愿者和媒体）共同完成。体育竞赛管理工作的效率和质量，直接决定了整个体育赛事的效率和质量。

体育竞赛管理是指以竞赛管理团队为核心，通过对体育竞赛相关资源进行计划、组织、领导和控制等工作，保证体育竞赛工作顺利开展，并达成体育赛事组织者既定目标的过程。

一、体育竞赛管理的特征

（一）规范性

体育赛事尤其计划内大型体育赛事，有着较为成熟和严谨的竞赛规定和竞赛指南，参赛资格、场地和器材技术参数、计分办法等都有着严格的规定，体育竞赛管理必须严格按照规范性的文件进行操作。

（二）周期性

体育竞赛管理从赛前、赛中、赛后，环环相扣，工作先后逻辑体系严密。从赛前竞赛规程发布、运动员报名、资格审查、竞赛编排、秩序册印制，到赛中竞赛的组织、成绩统计与发布，再到赛后成绩册的编印、竞赛工作总结等环节，工作连贯且具有周期性。

（三）项目性

体育竞赛管理的每一个环节都具有项目的典型特征。综合性运动会的竞赛管理表现得更为明显。综合性运动会赛项多、赛程长，要根据竞赛项目进行分类，并指派专门竞赛团队进行统一管理、分工协作。

二、体育竞赛管理的原则

（一）确保赛事顺利开展原则

体育竞赛管理的核心目标是确保竞赛工作的顺利举办，这也是体育赛事组织与管理的基础与前提。从竞赛计划的制订、实施，再到竞赛的过程管理，每个环节都必须确保竞赛工作顺利开展。在赛事实践操作过程中，往往会遇到赛事组织方为了市场推广、媒体宣传或节省办赛经费等因素调整竞赛工作，而调整的前提是确保赛事顺利开展。例如，在杭州第19届亚运会软式网球混合双打比赛中，赛程设计上为了提升现场观众的观赛体验和转播效果，赛事组委会根据赛程进程不断调整比赛场地。

（二）确保公平竞赛原则

竞赛管理的最终目标是建立公开、公平、公正的竞争机制，为参赛者提供公平、公正的竞赛环境。这就要求在竞赛管理过程中，以公开、公平、公正的原则制定并执行竞赛规程与规则，确保竞赛的严肃性与公正性。事实上，公平竞赛原则不仅体现在赛程制定、竞赛编排、选派裁判和赛事监督等方面，还要体现在其他各个环节，如提供安全、完备和性能良好的竞赛环境，包括符合规程和规则要求的场馆、器材、设备等，为竞赛的顺利开展和运动员的安全提供保障，为运动员创造更好竞技成绩提供良好的物质环境。

第二节　体育竞赛过程的组织与管理

体育竞赛过程按照时间序列推进，包括赛前、赛中和赛后三个阶段，不同阶段的组织与管理呈现出不同的内容和特点。

一、赛前工作的组织与管理

赛前工作的组织与管理主要是按照体育竞赛活动的总体安排来推进，是整个竞赛活动的基础筹备阶段，呈现出工作量大、涉及面广等特点，需要协调统筹全局各项工作。一般竞赛组织机构在赛前需要和赛事主办方取得联系和沟通，认真听取赛事主办方对竞赛活动的相关要求，如果是国际性体育赛事，则要和国际单项体育组织保持联络和沟通。赛前的竞赛组织与管理主要从以下几个方面入手：

（一）成立竞赛管理的组织机构

体育竞赛管理组织机构设置是根据体育赛事的整体目标和具体的竞赛目标和任务，按照一定的标准对竞赛相关的人员、资源等要素进行划分，形成若干功能互补的工作部门或小组的过程。体育竞赛管理的组织机构是整个体育赛事组织机构的重要组成部分，其主要职责是承担体育赛事活动中与竞赛直接相关事务的组织管理工作，一般按照工作职能进行分工。体育竞赛管理的组织机构根据赛事规模和复杂程度而有所差异，小型体育竞赛组织机构设置相对较为简单，而大型体育赛事就较为复杂。以 2008 年北京奥运会为例，其负责竞赛工作的体育部下设综合处、竞赛处、国际联络处、志愿者联络处、场馆管理处等职能处室。此外，还为每一运动项目组建了专门的竞赛管理团队，负责各自运动项目的具体组织工作。

（二）确定竞赛工作方案

体育竞赛组织管理团队的首要职责是根据赛事总体方案，制定详细的竞赛工作方案。竞赛工作方案是整个竞赛工作的指导性文件，确保与竞赛相关的筹备和实施工作按时按地、保质保量地完成，同时确保体育赛事各部门、各环节的工作与竞赛工作协调推进。例如，一场马拉松赛事的宣传、安保、市场开发、志愿者等工作都是围绕着竞赛安排开展的。一般竞赛工作方案包括比赛名称，比赛目的和任务，主办单位、承办单位和协办单位，比赛时间与地点，比赛规模（包括规定参赛者范围、比赛等级、比赛场馆器材设备的技术参数等），比赛的组织机构，经费预算，工作步骤（确定竞赛整体工作的阶段划分和各阶段的工作重点与具体步骤）等。

拓展阅读：《体育总局社体中心关于印发2022年全国跳绳联赛线上分站赛（第五站）竞赛规程的通知》

（三）制定竞赛规程

一般而言，竞赛规程是组织实施某一项竞赛的主要政策与规定，是体育竞赛的法规，由主管体育竞赛的部门根据体育发展的方针、政策、有关规定和举办赛事的目的（宗旨）、任务和规模等进行制定。具体内容主要有：前言，包括此次竞赛活动的指导思想、目的、任务和要求；竞赛举办日期和地点；参赛单位；运动员资格要求；领队、教练员和技术官员要求；竞赛运动员分组要求；报名日期和地点要求；竞赛办法（采用的竞赛规则和所采取的赛制、计分办法等）；裁判员和仲裁人员组成情况。竞赛规程根据不同赛事类型制定方式有所区别，如竞技体育赛事和群众体育赛事、综合性赛事与单项赛事的竞赛规程在呈现方式上就会有不同。

（四）拟定工作计划和开展人员培训

竞赛组织机构一旦成立，应根据竞赛规程、组织方案和责任分工，拟定各部门的具体工作计划和有关行为规范。在竞赛的组织管理过程中，除常规制订计划的方法外，较多采用编制计划网络图、工作流程图及编制各类图表的方法来制订竞赛计划。另外，竞赛组织机构组建后，需要充实各类人员到组织机构保障组委会的运转。在组建上，根据赛事规模和性质，编制计划、抽调相关人员、借调人员、招聘专职工作人员和招募赛事志愿者等；在工作人员培训上，对赛事工作人员进行分批、分组、分岗位进行培训。对管理人员培训是提高赛事管理水平的主要措施；对赛事专项工作培训是学习业务的过程，也是跨部门协调工作的过程；对工作人员培训可快速提高工作人员的业务素质。

（五）编制竞赛秩序册

竞赛秩序册是确保竞赛秩序和实施竞赛计划的重要文件。竞赛秩序册由体育赛事的竞赛部门负责编制，报组委会审定颁发。综合性大型体育赛事需要在各单项竞赛秩序册的编制基础上及时汇编成总秩序册。竞赛秩序册的内容一般包括比赛名称、主办与承办单位、竞赛时间、竞赛组织结构图、各部门组成人员名单和职责、赛事日程表、裁判员与仲裁人员名单、运动员名单、竞赛分组、场馆分布、通勤车时刻表等。

（六）其他管理

竞赛赛前管理还涉及竞赛场地管理、器材管理、各比赛队伍的训练安排等。竞赛管理团队要根据竞赛规程校验竞赛场馆是否符合技术标准，竞赛各功能区布置是否符合要求，竞赛所需的器材是否符合技术标准。在竞赛开始前，场地器材工作人员要严格按照流程执行。根据技术官员的指导，对相应竞赛器材、计时记分系统等进行安排调试。如发现异常或者器材设备有问题要立即提出建议并立刻更换改正。若当场无法解决应及时将问题上报，并请求组委会给予帮助，由组委会和主办方一同协调解决检查并落实。同时，还要负责检查宣传组、后勤接待组以及安全保卫组的准备工作的落实。

赛前的组织与管理工作还应注意以下两点：

一要加强信息沟通机制。为了避免由于信息不对称造成的沟通问题，赛前工作需要通过联席会、信息发布、意见搜集与反馈、督办工作等方式加强信息沟通，促进团队协作。

二要提高问题的决策效率。在赛前工作中不可避免地会出现，如组织结构运转问题、新情况发生问题、社会突发事件问题等问题，这就需要建立"决策层、管理层和执行层"的管理机制来提高问题的决策效率。

二、赛中工作的组织与管理

（一）代表队接待服务工作

运动员抵达赛事举办地后的接待服务工作是体育赛事举办阶段的重要工作之一。此时，组委会开始进入具体赛事的实施阶段，组委会接待部门须按照赛前制定的接待方案，围绕运动员、裁判员等竞赛参与人员开展工作，同时做好比赛证件、秩序册等文件资料的发放工作。

（二）开好赛前各类会议

代表队一旦报到，体育赛事的竞赛机构要配合组委会开好代表团欢迎会、裁判员技术会、裁判长和领队教练员联席会、仲裁委员会会议。代表团欢迎会的主要内容包括：组委会介绍关于本次竞赛活动的组织工作安排和准备，代表东道主对前来参加竞赛的运动队、教练员和运动员表示欢迎，宣读此次竞赛期间需要注意的有关事项。裁判员技术会的内容主要包括：强调公平公正公开原则，要求裁判员遵守职业道德；介绍大会日程以及生活安排，组织裁判员准备赛前会议研讨赛事中的细节问题以及进行实践操作和工作分配，统一裁判尺度。裁判长和领队教练员联席会内容包括：传达组委会关于竞赛方面的有关决议、规定，明确告知竞赛规程中的有关规定及补充规定，宣布竞赛日程安排和重大活动安排，介绍准备工作的详情，提出思想、安全、生活等方面的要求，宣布运动队和运动员体育道德风尚奖的评选工作。仲裁委员会会议的内容主要包括：研究竞赛规则和竞赛规程，制定各参赛队伍在竞赛期间有疑问或不解之处的申诉解决程序，宣明有关技术问题的统一解释原则。

（三）组织开、闭幕式活动

大型比赛的开幕式和闭幕式程序较为复杂，并有大型团体操和文艺表演活动，小型单项体育比赛的开幕式和闭幕式则相对简单，可以加入一些文艺表演或者其他庆典活动。开幕式的程序一般包括宣布开幕式开始，裁判员、运动员入场，奏乐升旗，领导致开幕词，运动员、裁判员代表宣誓，裁判员、运动员退场，开幕式表演开始，宣布开幕式结束。闭幕式的基本程序与开幕式类似，但重点在于宣布比赛成绩和获奖者名单。开幕式和闭幕式是体育赛事的重要环节，大型体育赛事高度重视开、闭幕式工作，如2022年北京冬奥会专门成立了开、闭幕式工作部。体育赛事的竞赛机构要在赛事组委会的统一指导下，协调配合做好开、闭幕式工作。

（四）做好竞赛活动的管理

竞赛管理团队要深入赛区一线，以竞赛指挥中心为核心，按照竞赛日程对竞赛实行全面、具体的组织指导。要以果断、及时、准确为原则，严格掌握比赛进程，加强各职能部门之间的协调配合，防止比赛出现脱节、漏洞和误差。与竞赛信息中心、技术官员服务中心密切沟通，遇到突发情况及时召开仲裁委员会或组委会会议，特别注意研究和及时解决比赛中出现的弃权、争议、罢赛、弄虚作假等违反赛风赛纪的问题，确保竞赛活动顺利进行。

（五）做好竞赛成绩统计与公布工作

比赛成绩的统计、比赛记录的公布是一项非常严谨、严肃的工作，竞赛工作人员要根据裁判确认的成绩，随时向组委会和大会通报成绩数据，并及时向竞赛部汇报。竞赛期间，竞赛工作人员要及时将各赛区的成绩数据和排名通过组委会办公室发布到各个赛区，此外要特别注意随时掌握兴奋剂检测结果，凡因违纪行为被取消比赛资格或被取消比赛成绩的信息情况要及时上报组委会及大会，以便及时进行录取名次的调整。有时重大的国际或国内比赛要经过数日的药检程序出结果反复确认后，才能进行名次调整并对外宣布。竞赛工作人员还要协助赛区处理好有关运动队离会后的各项善后工作，将赛区的各项成绩数据通过组委会办公室移交综合文秘岗汇总，并由其统一编制成总成绩册。若国际比赛，须同时印英文等外文版本。

（六）做好赛事颁奖工作

颁奖工作是体育竞赛组织与管理中的重要组成部分，颁奖工作对运动员起到激励作用，对观众起到归属作用，能升华体育竞赛活动。而一般的颁奖工作包括嘉宾邀请、国旗国歌准备、纪念品准备、志愿者安排、媒体邀请等，同时要做好颁奖后新闻媒体采访工作。

（七）按照计划做好赛事主题活动

赛事主题活动是指与赛事相关联的体育、文化、论坛等活动，一般是由组委会或者由其批准的组织承办。赛事主题活动的目的是提升赛事活动参与率、赛事整体曝光率和赛事活动水平，它是体育竞赛活动的一部分。通常来说，赛事主题活动有以下几种形式：一是体育运动普及的文化宣传活动，如开展相关运动体验活动、知识讲座活动、明星运动员参与互动活动、运动知识展览等。组织文化宣传活动时需要注意活动要简单、易参与、互动性强，目的是提升赛事的关注度和美誉度，同时普及相关运动。二是组织论坛交流活动。在赛事运行期间举办论坛交流是为了提高赛事的组织管理水平，同时引导相关理论能够转化成实践促进行业技术和产业发展。如在举办厦门国际马拉松的同时，厦门马拉松组委会组织厦门国际马拉松论坛，邀请相关研究人员共同探讨马拉松文化、管理和产业等研究热点问题。

三、赛后工作的组织与管理

赛后阶段的组织与管理工作主要是对赛事进行整体评价，完成赛事总结和财务报告、转移工作人员和撤销赛事组织机构等内容。此阶段工作完成后，本次竞赛全部结束。一般来说，赛后组织与管理工作主要有以下几个方面：

（一）成绩册的编制

拓展阅读：《2023年全国航空航天模型锦标赛（红寺堡赛区）成绩册》

赛事结束后，除了做好用于比赛的场地、器材、服装、用具等物资设备的归还、转让、出售和处理工作，最重要的是要做好成绩册的编制工作。比赛成绩册的编制，应符合各项竞赛规程中有关录取名次和计分办法的规定，对于优秀组织奖、体育道德风尚奖等集体荣誉，以及团体、个人成绩要在成绩册中明确表示，有些赛事还需要记载破纪录成绩和破纪录情况。成绩册一旦制定，体育赛事的竞赛部门要向新闻单位发布竞赛的有关情况。

（二）做好赛事总结和财务报告

做好赛事总结和财务报告是赛后组织与管理的重要环节之一。这既是对赛事运行工作的整体回顾和总结，也是对赛事工作经验的提炼，最终达到提高赛事管理效率、提升工作人员工作能力的目的。通常来说，赛事总结一般采取自下而上的方式，多层面、全方位、立体式进行分析；财务报告编制后经审计部门审计，做到账目公开，做好经营利润分成工作。

（三）工作人员转移

竞赛结束后，工作人员安置工作是对赛后组织与管理的考验。一方面转移工作人员关系着社会的稳定和赛事的圆满收官，另一方面赛事工作人员的赛事经验也是需要保留和继承发扬的。转移工作人员时要注意分时分批、化繁为简的原则进行转移。对于抽调人员，按抽调要求返回原单位；对于招聘人员，可以按照合同解除雇用或者留用。同时，做好总结、表彰、欢送及补助的发放。

（四）竞赛机构的注销

体育竞赛组织机构作为一个临时性机构，当竞赛完成后便要开始进行相关赛事的组织机构注销工作。严格上来说，在组委会成立之时就应有相关注销工作的要求程序，一般来说包括公章的使用、注销各种社会媒体号，如微博、微信、公众号、抖音号等，同时向社会公众宣布组委会正式解散。

第三节 体育竞赛的人员管理

在体育竞赛活动中，运动员、裁判员、教练员、领队、队医、兴奋剂检查人员、仲裁人员、技术统计人员和竞赛组织工作人员是活动的主要参与人员，为确保体育竞赛活动的顺利进行，要加强对参赛人员的管理，有助于提高体育竞赛活动的执行力和实现目标。

一、运动员管理

体育竞赛活动中，运动员的管理是所有竞赛人员管理的核心，具体来说包括运动员参赛资格管理、运动员安全和反兴奋剂管理等。

1. 运动员参赛资格管理

运动员参赛资格管理关系着运动员是否有资格参赛，对体育竞赛活动的公平、公正和公开起到关键作用。不同的赛事对运动员的参赛资格要求也不同。赛事主办单位要把运动员的参赛资格用文字形式明确下来。一般来说，运动员的参赛资格有以下几点限制标准：

一是国籍限制。随着体育人才的频繁流动和"归化"运动员的出现，运动员的国籍问题已经越来越被赛事组织者重视，而国际性体育赛事对参赛运动员的国籍都有具体而明确的限制。例如：参加奥运会的运动员必须是参赛会员单位所在国的公民；如果运动员具有双重国籍，通常情况下只能选择代表其中一个国家进行参赛；如果运动员曾经在奥运会、洲或地区的运动会，被有关国际单项体育联合会承认的世界锦标赛或地区锦标赛中代表一个国家参赛，如果他更换国籍，必须更换满3年才能代表该国参加比赛；在足球运动中，如果球员曾经代表某国国家队中的任何一级梯队参加过比赛，则无法代表他国进行比赛。

二是身份限制。对运动员身份限制的实质是对运动员所属群体的要求。如中国大学生篮球联赛（CUBA）对运动员的身份限制是：运动员必须按照教育部关于全国高等院校统一招生考试、录取的有关规定，经考生所在地高等学校招生委员会（招生办）审核录取后进入普通高等院校（含高等院校体育教育专业），并有正式学籍的在校全日制本、专科学生及研究生；凡在国家体育总局篮球运动管理中心或中国篮球协会注册，参加过全国青年联赛及职业性质的全国联赛（如中国男子篮球职业联赛、全国男子篮球联赛、乙级联赛、俱乐部联赛）的运动员，不得参加中国大学生篮球联赛；在校大学生运动员代表省、自治区、直辖市等代表团参加全国运动会和城市运动会，必须经中国大学生篮球联赛组委会批准同意，未经批准参加上述比赛的运动员视为自动放弃中国大学生篮球联赛参赛资格；政治思想进步，文化课考试合格，并经医院证明身体健康者；每名运动员最多只能打五届联赛。

三是年龄限制。各国家和地区为了培养运动员和保护低龄运动员利益一般会对相应赛事的运动员年龄进行限定。如中国大学生篮球联赛规定运动员参赛年龄为17~25周岁，运动员入所代表参赛的高校时年龄为16~22周岁；奥运会足球赛的参赛年龄以23周岁以下为主；全国青年运动会对运动员的年龄限制为14~18周岁。这些限定的出发点是为了锻炼后备人才，建设运动员梯队，为国家的奥运战略作贡献等。

除了以上三个标准，不同的体育赛事对于运动员的资格审查可能还有其他标准。违反相关准入规则的运动员将不被允许参加比赛或者将被取消比赛成绩，甚至会被禁赛处罚。

2. 运动员安全管理

在运动员安全管理方面，这里不仅仅包括组织方提供安全稳定的竞赛场地、设备和运动器材，还要为运动员提供一些特殊的安全需求，如人身攻击、特别事件影响和种族歧视等安全保障。但一般而言，组委会对运动员提供的安全保障包括以下几类：

一是对竞赛活动场地和运动员入住场地进行全面检查，并根据个别情况配备合适的安保力量。通常组委会在运动员到来之前会对运动员从报到到入住场所至竞赛活动场地之间的所有活动行为进行模拟和推演，排除可能的风险隐患。

二是提高运动员自身安全意识，建立安全提示通告机制。针对不同类型赛事情况，竞赛对手情况，组委会有必要对运动员在竞赛活动内外可能发生的安全问题进行告知，并通过培训等方式提高安全意识，尤其是涉及意识形态、种族问题和国家矛盾造成的非竞赛因素安全风险。

三是对赛事活动执行证件核准制度。针对进出竞赛活动场地、运动员居住场所、运动员更衣室等场所的人员与身份进行限制，尽可能地减少非竞技人员对运动员的干扰。

3. 反兴奋剂管理

组委会需要成立反兴奋剂检查对接工作组，明确工作组负责人。同时，在竞赛时应积极进行反兴奋剂宣传、检查和检测等反兴奋剂工作。如发生兴奋剂违规情况，组委会应积极与该运动员及其经纪人（或指定联系人）联系。要注意的是，运动员因治疗目的确需使用清单上列出的禁用物质或治疗方法的，须依照治疗用药豁免的有关规定提出申请并获得批准。

二、裁判员管理

裁判员队伍是任何体育竞赛活动都不可缺少的角色。裁判员要具有良好的业务水平和思想道德品质，掌握体育竞赛规则，要公正、公平、准确、严肃、认真地进行执裁工作。

在我国，裁判员在相关管理部门进行注册和备案后才有资格进行裁判工作，有职业裁判，也有非职业裁判，他们来自社会各个领域。为此，合理选拔和管理裁判员非常必要。一般而言，组委会对裁判员的管理从以下几个方面入手：

一是裁判员选派。根据体育竞赛活动的赛事情况，须合理核算裁判员数量，充分考虑、选派裁判员的国籍和区域等情况。可以由组委会统筹安排，也可以由各参赛队伍推荐选派。

二是组织裁判员学习。组委会负责组织裁判员学习赛事各项规章制度和行为准则，学习最新竞赛规则和解释方法，强调裁判员职业操守行为，对裁判员具体执裁尺度提出严格要求并进行裁判员临场实践活动，同时需要对大赛进度进行合理性说明，提高裁判员与竞赛活动在行动上、思想上保持统一。

三是裁判员监督。组委会应加强和完善裁判员的监督机制，认真研究重要和关键场地的比赛对阵情况，做好裁判员的临场选派工作，比赛结束后要对裁判员的执裁工作进行总结和点评，提出意见和建议，及时调整工作方法，提高裁判员执裁水平。

三、仲裁人员的管理

体育仲裁机构是竞赛活动的临时性仲裁机构，体育仲裁人员主要任务是解决在竞赛活动中运动员资格认定、体育规则解释、违体行为等纠纷事件，以保证竞赛规程、竞赛规则的正确执行。一般而言，仲裁人员的组成依照体育比赛的规模而定，通常由3~5人组成，组委会需要对仲裁人员进行培训，认真学习竞赛规程、竞赛规则和仲裁委员会条例等文件，制定相关仲裁程序和方法，统一对外发布解释原则，研究比赛中容易出现的各种问题和原因，并制定工作计划和方案。同时，仲裁人员应深入比赛现场，及时了解比赛中发生的各种争议，固定第一手证据和材料。在一方提出仲裁申请后，接受抗议申诉并开展调查工作，并向相关裁判人员和组织人员了解情况，同时结合相关证据分析原因并进行集体讨论，在以事实为基础的原则上作出最终裁决，并以书面形式通知有关人员，并上报组委会备案。

四、其他工作人员管理

工作人员来源一般包括组委会的借调人员、委派人员、专职工作人员和兼职工作人员。借调人员一般来自政府机构、企事业单位和各级学校中的专业技术人员，具备赛事运作所需要的专业技能或者管理特长。委派人员一般是组织机构中的工作人员，其来源相比较为单一。专职工作人员是指根据劳动合同，在合同规定时间内为赛事管理提供服务、领取薪酬，并以赛事管理为主要职业的人员。随着我国体育赛事管理的专业化和职业化进程加快，专职工作人员的人数正在逐年增加。兼职工作人员是与专职工作人员相对应的概念，是指为赛事管理提供一定时间或数量的服务，接受一定报酬，但不以赛事管理为主要职业的人员。在我国由于体育赛事产业尚未形成规模效应，在各级各类赛事中存在大量的兼职工作人员。从我国体育赛事组织的实际情况来看，赛事举办的主体为体育行政主管部门或者社会专门赛事机构。为此，由体育行政主管部门主办的赛事中，借调人员和委派人员占主要部分，由社会专门赛事机构主办的赛事，工作人员以专职工作人员和兼职工作人员为主体。由于体育竞赛组织机构在不同阶段呈现出不同的存在形式，竞赛管理中的工作人员也是动态存在的。为此，加强工作人员的管理对竞赛的顺利进行起到重要作用。

五、赛事志愿者

赛事志愿者是指在体育赛事全过程中以自愿为原则，以志愿服务为基本形式，在赛事运作管理体系内，服务他人、服务社会、服务赛事的人员。近些年来，随着体育赛事规模不断扩大和日益频繁，各类体育赛事对志愿者的需求也越来越多，同时赛事管理对志愿者的专业素质和技能也提出了新要求。通常来看，在招募体育赛事志愿者时，组委会先要根据赛事整体情况确定招募计划，这里有两种方法确定所需志愿者数量：一是根据以往赛事的经验数据和惯例；二是由竞赛组织各部门提供的需求数据进行核算而来。在确定志愿者数量后，需要根据不同的岗位性质对志愿者的结构进行划分，即明确志愿者的专业技能，这样有助于合理分配岗位。在确定志愿者招募计划后，即进入招募宣传工作。招募宣传工作一般委托社会青年组织进行，招募宣传工作要简单明了，明确赛事对于潜在志愿者的吸引力，强调社会责任和经验的锻炼平台作用，以促进招募计划的顺利实施。在成功招募志愿者后，开展体育赛事志愿者的培训工作，一般分为三类，即常规性培训、专业培训和岗位培训。常规性培训是指介绍本次赛事的基本情况、志愿者的权利和义务、基本的服务礼仪、基本的急救常识和赛事推进情况，培训形式以集中培训为主；专业培训是指根据志愿岗位的具体要求，培训志愿者必备的专业技能，培训形式以小组培训为主；岗位培训主要根据特殊岗位需求而进行的培训，包括紧急处理、团队管理等，培训形式一般有角色扮演和模拟演练。在竞赛结束后，组委会一般以集体答谢的方式对志愿者进行答谢，同时对作出杰出贡献的志愿者予以表彰和奖励。

第四节 体育竞赛的后勤管理

一、赛前后勤管理

赛前工作准备是整个竞赛组织活动的基础环节，大量的后勤管理工作在赛前完成，这一阶段工作成效关乎整个赛事进程的效率，也关乎赛事能否成功举办。在赛前，后勤管理的主要工作有：

（一）赛前场地器材准备

赛前一般需要准备场馆、设备和器材，它们是实现竞赛管理必备的物质条件。场馆准备包括竞赛场地、训练场地和备用场地三个部分。一般来说，组委会通过租借场地的方式完成竞赛活动所需要的场地，从保障角度来说，无论何种方式而来的场地都要满足竞赛规则所规定的标准。在设备需求上，一般要求一套完整的指挥调度系统、计时计分系统、录像转播系

拓展阅读：习近平：京张高铁建成投运意义重大 冬奥会各项筹备工作都要高标准高质量推进

统、仲裁录像系统、温控系统、消防报警系统和安保系统等。在器材准备上，组委会需要按照竞赛要求制订器材准备方案，明确器材的规格、数量、品牌和型号以及备用器材计划，同时保证配发的器材在测试赛前15天准备到位，并制定器材使用、保管和分配方案。

（二）赛前接待保障管理

赛前接待保障的主要对象是运动员、裁判员、教练员、代表队官员、仲裁人员和邀请嘉宾人员等。在竞赛组织工作开展之前组委会需要根据前期信息搜集情况统计接待保障人员数量和需求信息，并根据赛事举办地硬件条件制定工作方案。在接待对象类别上，结合数量、规格和抵达时间来确定接驳车安排和餐饮安排，同时对餐饮工作严格监控和留样，与疾控医疗部门进行合作，确保饮食安全。

（三）赛前通信保障管理

体育赛事的通信保障工作一方面是服务现场观众的通信需求，另一方面是满足赛事转播需求。通常来说体育赛事的通信保障基本是通过电信、移动、联通、电视网络、卫星传播等方式保障比赛转播信息通畅。在具体要求上，确保通信服务按照国家网络管理部门的技术管理规范和赛事要求进行施工和维护，尽可能地利用已有设施，需要重新施工搭建临时性赛事专用通信网络时，须按照从简原则搭建，以方便赛后恢复。

（四）赛前车辆保障管理

赛前车辆保障管理包括车辆管理和司驾人员管理。一般来说，具体的相关工作有：一是根据竞赛活动的情况，制定赛事活动车辆使用原则、标准和管理方法，原则上所有车辆进行统一的管理和部署。但为了方便工作可以将一定数量的车辆分配给车辆使用需求量大的业务部门，并交给他们管理和使用。二是要对持有驾驶证的各部门管理人员，应当定期进行交通安全教育和监督，同时做好车辆定期的安全检查，并依法申请车辆保险。三是要在赛事期间，确保所有车辆均悬挂由保卫部颁发的运动会标识和出入证。四是要在司驾人员上岗之前，应当对来自不同部门的驾驶员和车辆管理人员进行集中培训，培训内容要将赛事的特点与司驾人员的职业道德、交通法规相结合，形成以竞赛服务为中心的安全和职业教育。五是要熟悉赛会的常用线路和所服务的对象，以及相应的奖罚条例等管理制度。

（五）赛前医疗卫生保障管理

赛前医疗卫生工作包括提供安全卫生的比赛环境和医疗救护工作。安全卫生的比赛环境以健康监督与食品安全为核心工作，这既是体育赛事综合保障体系的重要组成部分，也是举办赛事的重要保证。医疗救护工作主要包括急救和预防。工作地点主要在赛事开、闭幕式及其他相关重要活动现场、比赛和训练场馆、接待对象的驻地宾馆等。在活动现场适当位置设置急救医疗站，标识必须醒目，现场须配置医疗救护资源，保证足够数量的救护车和医务人员。在比赛和训练场馆设置医务室，根据比赛日程和比赛项目的具体情况，配备医疗救护资源。在驻地宾馆根据实际情况设置医务室或深驻医务组，实行 24 小时值班制。定点医院要委派固定的联络员，做好充分的人员、物资、设施和设备的医疗救护准备工作。

（六）赛前安全保卫工作

赛前安全保卫工作主要是指对体育赛事可能发生的威胁体育比赛进程和人员危险活动的布置与准备工作，这里还包括交通管理和消防应急工作等。安全保卫工作是赛事成功举办的基础保障，也是赛后对赛事评价的重要指标之一。赛前安保部门需要向组委会上报安保人员需求情况，并合理部署安保人员在参赛人员可能出现的场所，确保赛事进行期间的安全工作。要积极预防赛前运动员抵达事出现的哄场、围哄运动队和裁判员等扰乱社会治安的行为，要积极配合主管部门妥善处理。一般比赛场馆内都必须有明确的区域划分，各区域的票证要按上级部门要求专人管理，严格检验。

二、赛中后勤管理

在赛事进入举办阶段后，赛事后勤保障部门要按照赛事保障方案进行检查和处置，对于出现的意外情况及时进行处理和协调，以确保赛事工作的顺利进行。

（一）赛中场地器材准备

赛事进入比赛阶段后，场地器材的保障工作就显得尤为重要。一方面在赛中要做好赛场内外的巡视工作，排除一些可能导致场地器材产生突发状况的因素，并做好紧急预案；另一方面在赛中要及时对场地和器材进行检查维护，保证后续比赛的顺利进行。

（二）赛中接待保障

后勤部门在赛中接待保障工作相对进入平缓期，赛中接待方案主要以持续性保障竞赛人员物资需求、饮食安全和车辆需求等为主。同时，避免在赛事进程中产生对运动员休息环境的干扰；在交通上，根据赛事推进情况合理安排车辆，以保障接送工作，确保相关人员能够及时抵达赛场、返回驻地，保障竞赛人员的交通安全。

（三）赛中信息通信保障

在竞赛管理活动中，赛中信息通信工作是赛事与外界联系的桥梁和纽带。赛中信息通信的保障工作主要有：一是电视信号的制作和传输工作，这里包括体育赛事转播制作团队保障、体育赛事信息图像和信息向外传输的硬件条件等，尤其是在赛事进行期间确保相关专业技术人员全天候值班，并做好应急设备保障工作。二是做好应急预案，准备好相关场地和设备提供给出现意外的媒体和记者临时使用，做好技术人员与媒体工作人员的衔接工作。三是设置媒体报道区，包括两个部分：① 混合采访区，供运动员、教练员和媒体等进行短时间采访、交流使用；② 媒体工作区域，供新闻媒体进行简单的新闻编辑和处理工作。四是做好新闻发布会保障工作，新闻发布会是体育赛事管理机构借助媒体手段直接向外界发布赛事相关信息，解释或说明重大事件。新闻中心一般设有新闻发布室供赛事组织者使用。新闻发布室应具备背景板、茶水服务、音响设备和桌椅等。通常情况下，赛事组织者在召开新闻发布会时，应向媒体记者提供新闻通稿和相关背景资料，并做好发布会现场的基本服务。

（四）赛中医疗卫生保障工作

医疗卫生保障工作在赛中尤为重要，是成功举办赛事的重要保障之一。赛中医疗卫生保障工作主要有：一是医疗救护，此阶段医疗救护人员按照各代表队或运动员的训练比赛情况到现场开展医疗救护工作，后勤保障部门应在训练场地和比赛赛场提供救护车、医务人员，并在运动员进场热身前 1 小时准备到位，直到运动员返回驻地时方可撤离，同时派驻医疗组在运动员驻地值班，并和驻地最近的医院开辟绿色通道，以便对可能发生的意外情况进行最快的处置。二是进行卫生督查和食品卫生监督工作，做好竞赛参与人员驻地与赛场的安全卫生工作，制定赛事活动中所需的《赛事食品卫生方案》《赛事饮用水卫生方案》《赛事公共场所卫生方案》等方案，按照工作计划推进并开展相关卫生检查工作，卫生管理部门需要与赛事接待单位进行协作，对接待人员进行安全卫生培训工作，并不定期开展饮食、住宿、场地的卫生监督工作。三是做好突发事件应急准备，具体来说要制定预案，医疗卫生部研究制定突发事的应急预案，明确突发事件应急处理的组织指挥体系、部门和单位职责、物资供应和人员安排、措施和实施步骤等。预案考虑要尽量周全，做到全面系统、有备无患，要做好应急准备，体育赛事所涉及的各级卫生行政部门、疾病预防控制机构、定点医院都要根据预案的要求，做好突发事件的应急准备工作。疾病预防控制机构要做好队伍搭建、检验检测设施等各项准备工作。

（五）做好水电、气象等保障工作

在赛事运行过程中要明确水电、气象等保障工作的要求，规划设计各工种与后勤保障部门之间的沟通与协作，提升工作效率、规范工作流程，各部门间要对接，明确赛事进程对水电、气象信息的需求，后勤保障部门按照要求提供相关水电、气象信息服务工作，出现问题及时按照预案执行。因而，具体说来水电、气象保障工作有以下几点：一是水电保障到位。主要是指赛事管理者协调供水和供电单位，保障赛事场馆、运动员驻地、办公场所等地的供水供电。二是供气、供热保障到位。主要是指相应区域燃气和暖气的服务保障工作，并实行全天候值班制度，确保信息准确及时。三是气象保障到位。通过分析赛事举办地历史气象数据，对进行赛事环境进行客观分析，为赛事进行提供相关依据，或通过科技手段对天气进行人工干预以确保赛事顺利进行。体育赛事气象保障工作的主要目的是提供及时、准确的气象预报服务，协助选择赛事重大活动的举行时间，并尽可能保障重要活动和比赛当天没有降水。

（六）赛中安全保卫工作

赛中安全保卫工作是指为体育赛事的所有参与者、体育赛事的举办地和相关场所、道路提供安全保卫工作。需要注意以下几点：一是要确定所有赛中场馆和周边道路的安全，明确时间点，定时开展各项检查推进工作。二是要在运动员驻地进行安全保卫工作，机动安排安全保卫人员进行巡逻，以应对突发事件。三是做好开、闭幕式特邀嘉宾的安保工作。

三、赛后后勤管理

赛后后勤管理工作主要是指固定资产处置、接待保障等相关工作。具体包括以下几个方面：

（一）赛后固定资产处置工作

赛后固定资产处置主要包括体育场馆、体育竞赛器材、办公用品、相关设备和礼品等。通常来说，第一，要清理体育赛事产生的固定资产数量，按照"谁发放、谁回收"的原则进行梳理，按照固定资产管理办法进行分类管理，要求数据准确、实事求是，认真编制、整理固定资产账本。第二，在清理固定资产数量后，着手准备相关处置工作，具体来说需要由使用部门对固定资产提出相关处理意见，并形成相关调拨管理报告。对于大型综合性体育赛事的固定资产管理通常采用移交地方和拍卖的形式进行处置。第三，随着节俭办赛理念的推广，在各类体育赛事运作上都会注重赛后体育场馆的综合利用。例如，作为国家体育场、国家游泳中心、国家速滑馆三大冬奥场馆的业主单位，北京国资公司将智慧场馆建设融入冬奥场馆建设和改造过程中，运用先进科技，升级场馆硬件设施，提升场馆运营效能，拓展服务领域，盘活赛后场馆的综合利用。

（二）赛后接待保障工作

竞赛活动结束后，组委会需要保障参赛的运动员、教练员、随队官员和技术人员安全返程。一般组委会须提前联系交通部门，协调最优线路组合，并提前将出发时间和目的地告知相关人员，同时做好绿色通道布置工作，确保参赛人员平稳离开。

（三）赛后其他保障工作

比赛结束后，组委会要联合多部门进行以下保障工作：一是信息通信工作，对于前来报道赛事的相关记者进行答谢和欢送，协助相关转播媒体运转转播器材和设备，做好各部门工作总结报告，并进行评比活动。二是持续做好医疗卫生保障。即做好参赛人员离会期间的医疗保障工作，做好赛事期间医疗档案资料、相关医疗设备和卫生用品的收集整理工作，上报医疗卫生部门的工作总结，如有可能的话，还可以做好工作人员的评比和鉴定工作。三是做好赛事安全保卫工作，赛事结束后防止因裁判争议判罚、民族主义情绪等引起的社会骚乱事件，要做好各类人员的返程安保工作，安全保卫部门也要根据赛事情况做好工作总结报告，为今后安全保卫工作提供学习经验。四是做好志愿者表彰工作，向所有志愿者提供工作证书并向集体单位发出感谢信，做好志愿者精神提炼和宣传工作，做好志愿者工作材料搜集和整理工作，同时形成工作经验报告。

✐ 实训与思考

实训练习

请扫描二维码查看案例。

分组讨论北京冬奥会与北京奥运会在筹备办赛阶段工作的异同点。

思考题

1. 简述体育赛事管理阶段的划分与主要任务。
2. 简述体育赛事管理筹办阶段中市场研发的主要任务。
3. 简述体育赛事选择阶段注意事项。
4. 请设计一个城市马拉松赛的组织结构。
5. 简述体育赛事的志愿者管理分类。
6. 简述如何进行体育赛事后勤管理工作。

案例：北京2022年冬奥组委会正式成立 郭金龙任主席

第五章

体育赛事资金筹集与赞助开发

本章导言

　　体育赛事的举行需要大量的人力、物力和财力，因此资金筹集和相关的资源整合与开发成为体育赛事管理工作中必要且重要的一环。体育赛事资金筹集与赞助开发工作贯穿整个赛事运作管理，如何获取举办体育赛事的充足资源和资金、是否可以通过举办体育赛事获得盈利等问题关乎着体育赛事管理工作的成败。本章主要从体育赛事资金预算、体育赛事资金筹集、体育赛事赞助三方面进行介绍，以解答这些问题。

知识目标

1. 了解体育赛事所需资金用途。
2. 了解体育赛事资金的筹集方式和管理。
3. 理解体育赛事赞助的概念和特点。
4. 学会制定体育赛事赞助流程。

能力目标

1. 能够运用所学知识建立体育赛事资金预算体系。
2. 能够完成体育赛事资金筹集工作。

素养目标

树立服务至上的理念，培养诚实守信、公平公正的工作态度。

第一节 体育赛事资金预算

随着体育赛事日趋市场化、商业化，为了保障体育赛事的顺利运营以及实现赛事综合效益最大化的目标，体育赛事组织方必须加强财务管理。体育赛事财务预算是体育赛事财务管理的基本内容之一，预算具有约束和激励的作用，预算可以有效减少赛事成本，增加赛事收益，还可以促进体育赛事赞助开发工作。

一、体育赛事所需资金用途

在体育赛事管理过程中，无论场地的建设、租赁，还是工作人员的聘请、劳动，或是相关体育器材、赛事用品的配置，都需要资金的投入和支持，这些投入都是体育赛事管理的成本。

一般而言，通过以下三种途径进行分析体育赛事管理所需资金用途。

（一）从体育赛事的管理阶段角度来分析

从时间维度来看，一个完整的体育赛事通常划分为选择与确定阶段、筹办与举办阶段、收尾阶段。那么，体育赛事所需资金用途也可以从这三个阶段分别进行分析。

1. 选择与确定阶段的资金用途

赛事选择与确定阶段的资金主要用于市场调查、可行性研究等。在体育赛事的选择与确定阶段，赛事运营管理方需要考虑赛事启动的相关事宜，包括借助市场调查收集第一手信息资料、撰写赛事运营可行性分析报告等，从而科学作出决策，争取获得赛事举办的资格。完成这些工作，需要投入相应的人力、物力资源，需要经费。

赛事不同，在选择与确定阶段的费用支出也会有所不同。例如，一些定期和定点举办的体育赛事除了初次举办需要投入较多的申办成本，其后的每次举办只要根据既有的程序进行，申办成本几乎可以忽略不计。而对于一些需要竞办的体育赛事而言，赛事运营管理方为了获得承办权则需要付出较高的申办成本，如 2002 年上海网球大师赛向世界男子职业网球联合会支付的申办费用高达 760 万美元，约占总成本的 60%。此外，对于由承办方或参与竞技的一方（或多方）提出邀请而举办的友谊赛而言，赛事运营方无须支付申办费用，但是需要向被邀请方支付出场费。

依据为获得举办资格而支出的费用种类的不同，体育赛事可以分为以下四大类（表 5-1）。

▶ 表 5-1　不同赛事获得举办资格主要费用的构成

赛事类别	申办费用	较大规模的固定投资	邀请费或出场费
Ⅰ类	有	无	无
Ⅱ类	有	有	无
Ⅲ类	无	无	有
Ⅳ类	不确定	有	无

Ⅰ类体育赛事：一般只需要支付申办费用便可以获取举办资格，即赛事运营管理方依据合同相关规定向赛事所有者支付合同标的价格以获取赛事的承办权。

Ⅱ类体育赛事：除了支付申办费用，还需要配备较大规模的固定资产投资以保障赛事的正常运行，才能获取举办资格。例如，世界一级方程式锦标赛大奖赛上海站的举办，赛事管理运营方除了支付申办费用，还投资 26 亿元建成了赛车专用赛道及其附属设施，以此获得 2004—2010 年世界一级方程式锦标赛的承办资格。

Ⅲ类体育赛事：主要是各类邀请赛和友谊赛，赛事运营管理方主要向参赛各方支付邀请费或出场费便能够获取赛事举办的资格，不需要额外支付申办费用。

Ⅳ类体育赛事：主要包括承办地轮换举办的大型综合性赛事，该类赛事在实际的申办过程中需要花费大量的费用，需要有大量的场馆和配套的基本设施来证明具有举办赛事的实力。

随着我国全民健身国家战略的实施，根据 2023 年颁布的《体育赛事活动管理办法》，我国取消了对商业性和群众性体育赛事的审批（特殊规定的赛事除外），各类大众体育赛事、单项或小型体育赛事如雨后春笋般涌现，同时也出现了大量体育赛事运营企业。对于国家或地方计划内赛事，体育赛事运营企业一般通过竞标的方式获得承办权，由此产生承办费用；而对于自行策划或设计的赛事，产生的费用一般较低。

2. 筹备与举办阶段的资金用途

赛事筹备与举办阶段的资金用途包括为筹备赛事而投入的组织费用、人力资源费用、场地费用、办公费用等，还包括在赛事实施过程中所消耗的物质资源花费以及雇佣劳动的花费等。具体包括场地费用、组织和管理费用、营销费用、服务费用和其他费用等五项（表 5-2）。

拓展阅读：《中国手球协会赛事招标管理办法》

▶ 表 5-2　筹备与举办阶段体育赛事管理主要费用的构成

费用项目	具体项目
场地费用	体育场地/馆的建设、租赁或折旧摊销费用，场地器材的购买、租赁或折旧摊销费用，赛事参与者（运动员、裁判、工作人员等）的食宿费用，临时建设费用如临时卫生间搭置费用、赛场标识的制作和摆放费用，场地维护费用如清洁费用
组织和管理费用	赛事工作人员和志愿者的工资和福利费用，赛事参与者的服装、证件制作费用，开幕式和闭幕式的费用，会议费用，会计、审计费用，相关资料的印刷、影印费用，电话、传真、网络等通信费用，水、电费用
营销费用	广告宣传费用，新闻发布会费用，标识（广告牌）的设计、制作费用，赛事网站、客户端的建设和维护费用，贵宾礼遇费用
服务费用	药检费用，医护费用，安保费用
其他费用	支持赞助商的赞助商服务费用，生产赛事纪念品和相关产品的费用，赛事融资的相关费用，赛事风险控制的费用

3. 收尾阶段的资金用途

赛事收尾阶段的资金用途主要包括对赛场的清理费用、对赛事运营的总结费用、对赛事举办的评估费用等。

（二）从体育赛事的内容构成角度来分析

依据资金所用于体育赛事内容构成的不同，赛事资金用途主要分为人力资源费用、赛事场地费用、器材设备费用、能源动力费用和风险管理费用五大类。

1. 人力资源费用

人力资源费用主要指赛事工作人员的薪酬和福利费用，包括工资、津贴、各类社会保险费用、住房公积金、奖金等。赛事的成功运作离不开人的参与和贡献，因此，人力资源费用是重要的赛事资金用途之一。

2. 赛事场地费用

赛事场地费用主要指为举办体育赛事而建设、维护或租赁体育场馆所支出的费用。并非所有的体育赛事都需要新建体育场馆，赛事运营管理方可以采用租赁的方式使用体育场馆，即以商业契约的方式与体育场馆的运营商达成场馆使用权的限时转让。

3. 器材设备费用

器材设备费用主要指购买、租赁、运行、维护、修理所需要的各类体育器材和设备的费用。体育器材和设备包括比赛时所用的竞技器材及各类辅助性器材，如计时/计分系统、裁判用具、安全防护装置、灯光显示装置等。

4. 能源动力费用

能源动力费用主要指为保障赛事的正常运行而消耗的水、电等能源所需缴纳的费用。

5. 风险管理费用

风险管理费用主要指赛事运营管理方识别风险因素并建立体育赛事风险管理体系所支出的费用。计划经济时期我国体育赛事主要由国家承办，风险也主要由国家承担。随着我国赛事产权建设不断完善以及商业化运作模式的不断成熟，赛事运营管理方的风险防控意识不断加强，风险管理成为赛事运作必不可少的一环。常见风险管理费用包括安保费用、医疗救护费用、保险费用等。此外，赛事运营管理方还必须筹备一定的"弹性预算"以应对突发状况。

（三）从体育赛事的会计成本角度来分析

从会计成本的划分角度出发，依据支付的费用是否随产品数量或业务量的变化而变化，体育赛事的资金支出可以分为固定成本和变动成本两大类。与业务量变化无关，而保持不变的成本称为固定成本；与业务量有关，总额随业务量的增加而增加的成本称为变动成本。

体育赛事的产品包括以赛事表演服务为代表的基础性产品及其一系列衍生产品，固定成本与变动成本分析比单一产品的生产分析更为复杂。在赛事的选择与确定阶段，赛事运营方尚未取得赛事的运作资格，此时所有的成本都是变动成本，固定成本为零。当赛事确定举行，进入赛事的筹办与举办阶段，固定成本出现，那些与赞助商数量、观众数量无关的支出都属于固定成本。固定成本包括体育场馆的折旧费用、赛事举办期间场馆器材的日常维护和管理费用、球队的训练和管理费用、财务费用（贷款利息）、竞技者的出场费用、行政管理费用以及运营费中的风险控制费用等；变动成本包括赞助商的服务费用、赛事纪念品的生产费用等。从比例上来看，固定成本所占支出比例较大，而变动成本所占支出比例相对较小，如2002年上海网球大师赛的固定成本约占总成本的85%。

二、体育赛事资金预算方法

预算是指在对企业内外部环境的分析基础上，为完成一定的工作目标，实现资源的合理配置、使用而开展的财务计划和规划。

体育赛事的资金预算是基于体育赛事的特点，为保障赛事的顺利运营而制定的估计支出和预期收入规划。

建立完整的体育赛事资金预算体系，应当遵循以下步骤（图5-1）：首先需要分析体育赛事管理的环境，明确体育赛事的目标；接下来依据体育赛事的目标厘清体育赛事的任务，在此基础上通过成本计算和收入计算建立预算方案，在实际的体育赛事管理过程中，还需要时刻关注赛事管理的盈亏状况，把握现金流，并建立监督和反馈机制；最后，当体育赛事收尾时，还应当及时总结，做好资金预算评价工作。

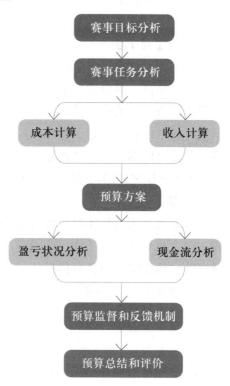

图 5-1 建立体育赛事资金预算体系的步骤

（一）体育赛事成本估计方法

体育赛事管理的成本计算是指对体育赛事管理过程中成本的预估、计算、分类和财政资源分配工作。常用的体育赛事成本估计方法有顺势外推法、类比法、自上而下法和自下而上法四种。

1. 顺势外推法

顺势外推法是依据过去所举办的同类型赛事的历史数据，借助数理统计的方法，建立数据模型推算赛事的成本。这种方法的使用需要较为大量的历史数据作为支撑，且需要考虑一定历史时期内价格变动的影响。

2. 类比法

类比法是参考其他类似体育赛事活动的成本，估算此次体育赛事所需支出的费用。然而，即使是同一项体育赛事，举办时间、举办地点等不同，赛事运营成本也不同。因此，类比法只能对赛事成本做一个粗略估算，在实践中多作为成本估算的参考或补充。

3. 自上而下法

自上而下法是赛事运营最高层管理人员首先依据经验或借助历史数据进行成本估算，赛事运营下一层管理人员在此成本估算的基础上结合工作实践进行进一步的成本估计，估计结果如此逐层下达，成为下一层工作人员进行成本估算的基础，直到一线工作人员针对赛事运营的具体活动项目或任务做出成本估算。这种方法所计算出的成本预算较为精准，但对赛事运营方上下层之间的沟通能力有较高的要求。

4. 自下而上法

自下而上法是将体育赛事的运营依照项目的不同或是程序的不同分解成一个个相对独立的子项目或子程序，每一个子项目或子程序有对应的管理团队，运作团队对各自负责的子项目或子程序进行成本预算，将各子项目或子程序的成本预算相加即可得到整体的赛事运营成本预算。这种方法所计算出的成本预算也较为精准，但需要花费较多的人力且花费的时间较长。

（二）体育赛事定价方法

体育赛事定价是整合体育赛事的资源后，对可进行市场开发的体育赛事资源进行拆分组合和价值评估工作。常用的体育赛事定价方法有成本加成定价法和竞争导向定价法两种。

1. 成本加成定价法

运用成本加成定价法来对体育赛事资源进行定价，首先需要估算单位产品的变动成本，再估算赛事运营的固定成本，并依据预期产量将固定成本分摊到单位产品上去，加上单位变动成本，从而算出单位全部成本，最后加上按目标利润率计算出的利润额，得出价格。该定价方法的优点在于能够保证赛事运营中所耗费的全部成本得到补偿，并使赛事运营管理方能够获得一定的利润；缺点在于缺乏灵活性，难以适应迅速变化的市场要求。

2. 竞争导向定价法

竞争导向定价法是赛事运营管理方综合横向参考和纵向参考赛事资源的竞争力做出的定价，横向参考主要指同一时期同一级别赛事资源的定价，纵向参考主要指同一级别赛事资源在不同时期的定价。该定价方法依据赛事自身的竞争实力，以市场上类似赛事资源的定价作为参照系，优点在于具有较强的机动性和灵活性；缺点在于类似赛事资源的定价难以被精确估算，且难以保障赛事运营方的利润收入。

（三）体育赛事资金预算中的注意事项

1. 实物赞助

实物赞助（value in kind，VIK）是指通过支付产品或提供劳务换取赞助资源的交易方式。这种非货币结算的收入是体育赛事运营总收入重要的组成部分。例如，日本汽车制造商为2016年里约奥运会的举办提供了4 500辆汽车使用权益。理解实物赞助的价值并合理运用，尽可能让赞助商提供赛事所需的器材设备、交通工具以及餐饮服务等环节中所需的物资，将不同行业的赞助商纳入赛事管理体系中。这样既可以拓展赛事收入，又能有效降低运作成本。体育赛事运营方可以根据赛事所需产品或服务类型，寻找业务相同的企业，以谋求实物赞助的开发。如表5-3所示。

▶ 表5-3 体育赛事所需产品／服务与实物赞助企业类型

赛事所需产品／服务	实物赞助企业类型
食品和饮料	零售店／餐馆
赛事服装	制衣商／体育用品制造商
交通工具	租车公司／交通服务公司
场馆清洁／废物回收	垃圾处理公司
能源供应	电力公司／水务公司
移动式公厕	城建公司

续表

赛事所需产品/服务	实物赞助企业类型
印刷品	印刷厂
志愿者服务	学校
停车场	附近的大型商场

2. 财务报告

财务报告是反映企业或组织的财务状况和经营成果的书面文件。财务报表是财务预算工作的梳理和总结，体育赛事运营管理方应及时制作财务报表，对体育赛事的经营状况进行总结公开。常见的财务报告有盈利和亏损报告、资产负债报告两大类型。

盈利和亏损报告主要展示一段时间内赛事经营主体的收入、支出及利润状况。通过对盈利和亏损报告的解读，可以了解赛事经营公司在特定时间内的交易状况，由此可以推断出赛事的销售收入、成本花费、利润状况、管理水平、财务水平。

资产负债表是展示赛事经营组织的资产、债务、物主产权等内容的财务报告。完善的资产负债表有助于对现金流的控制，能够防止现金流消耗殆尽等问题的发生。通过对资产负债表的解读，可以了解赛事经营主体在金融上是否具有合理的杠杆，以及是否能保证足够的现金流支持赛事管理，还能了解赛事经营主体的财务运作能力，能否借助现金流获得足够的收益。

3. 监督和控制

当完成体育赛事资金预算的编纂工作后，在后续体育赛事管理过程中，赛事运营管理方应根据预算管理目标，及时对成本和收入进行追踪管理和反馈，并对影响成本和收入的因素进行调节和控制，以保证赛事的正常运行。

第二节　体育赛事资金筹集

能否得到足够资金的支持、能否通过举办体育赛事而获得盈利等问题，贯穿体育赛事的运营管理，对于体育赛事能否顺利举办至关重要。体育赛事资金筹集是指赛事运营管理主体为了实现体育赛事财务管理的目标和保障体育赛事的成功管理，在国家法律和政策规定的范围内，通过不同的渠道和方式，获取举办赛事的资源和资金的过程。

一、体育赛事资金筹集方式

依据资金来源的不同，体育赛事资金筹集渠道可以分为外部渠道和内部渠道。外部渠道主要是向当地政府递交请款报告，寻求政府拨款或公共资金的支持。内部渠道主要是基于赛事本身的资产而吸引的商业投资。随着赛事竞技水平的提高和赛事规模的扩大，举办赛事所要投入的资金也越来越多，不能仅仅依靠国家政府或地方政府的拨款来管理体育赛事，还需要广泛寻求社会的帮助，更要重视自身资源的开发，多渠道完成资金的筹集工作。

拓展阅读：
北京冬奥组
委财务收支
报告公布

（一）外部渠道

体育赛事资金筹集外部渠道主要有政府财政补助、社会捐赠、体育彩票收入和基金会及金融机构的帮扶。

1. 政府财政补助

我国主要采用举国体制大力发展体育事业，我国体育赛事的资金筹措主要依靠政府投入单一渠道，随着体育赛事的市场化，我国体育赛事资金筹措也逐渐市场化和多样化。由于我国体育赛事市场运行机制还不够完善，商业开发程度较低，政府财政补助仍是体育赛事资金筹集的重要方式之一。

2. 社会捐赠

捐赠是指向国家、集体或个人提供的不追求回报和偿还的帮助和赠送行为。体育赛事运营管理方和热衷体育事业建设的个人、集体或企业法人达成统一的捐赠意向后，依据《民法典》《中华人民共和国体育法》以及有关法律法规规定，双方协商签订《体育赛事捐赠协议书》，协议书就双方的权利和义务、保密、捐赠金额和时间、捐赠产品 / 服务的质量要求、违约责任等问题达成一致。虽然捐赠者大多出于公益的意图，并不刻意追求荣誉和回报，赛事运营管理方大多会通过颁发荣誉证书和纪念牌匾的方式对社会捐赠方表达感谢。

3. 体育彩票

根据我国《彩票发行销售管理办法》中的定义，体育彩票指国家为支持体育公益事业而特许专门的机构进行垄断发行、供人们自愿选择和购买，并依照事先公布的规则，获得中奖权利的有价凭证。尽管有奖金发布，体育彩票的初衷是为了建设体育事业。我国体育彩票的生产经营活动实行国家垄断经营，由体育彩票管理中心专门负责体育彩票的发行和管理工作，体育赛事管理机构不具有发行和管理体育彩票的权力。国家体育彩票管理中心将发行体育彩票所获得的部分收益以公益金的形式，对部分体育赛事管理机构进行支持和返补。因此，体育彩票也是体育赛事资金筹集的一种方式。

4. 基金会及金融机构

一些体育基金会可以为某些特定体育的活动提供赠款。一般而言，社区性的小型体育项目赛事较为容易获得这些体育基金会的支持和帮扶。寻找合适的基金会，可以借助互联网查询相关关键字，也可以通过基金会名录了解基金会的捐赠条件。选定合适的基金会后，赛事运营管理方需要与该体育基金会取得联系，按照申请基金的程序指南要求提前准备相应的基金申请书。

拓展阅读：《2022年度长沙市社会体育赛事活动扶持资金申报与评审办法》

另外，有银行和风险投资者愿意为赛事运营管理方提供资金或特殊的贷款，如无追索权贷款和无偿贷款，赛事盈利时才要求还款，赛事运作没有盈利则不要求还款。

我国2023年颁布的《体育赛事活动管理办法》《体育赛事活动管理办法》明确指出，体育行政部门可以设立体育赛事活动专项资金，通过奖励、政府购买服务等方式鼓励、引导社会力量举办体育赛事活动。近年来，我国地方体育行政部门纷纷出台扶持社会体育赛事活动资金管理办法，鼓励主办方在举办体育赛事活动前主动向地方体育行政部门备案。地方体育行政部门经过评估应当将其中社会效益好、影响力大的体育赛事活动列入《体育赛事活动服务指导目录》，通过政府购买服务、提供专业技术指导等方式给予支持。例如，湖南省长沙市出台《2022年度长沙市社会体育赛事活动扶持资金申报与评审办法》，对于在长沙市举办、投入50万元以上、具有良好经济效益和社会效益的规模型赛事进行扶持。

（二）内部渠道

体育赛事资金筹集内部渠道主要有赛事报道和转播的收入、门票收入、赞助开发收入以及其他收入。

1. 赛事报道和转播收入

体育赛事报道和转播权指体育赛事运营管理方在举办赛事时，许可他人对赛事进行现场直播或转播等，并从中获取报酬的权益。体育赛事报道和转播权可以具体分为新闻报道权、赛事集锦权以及实况转播权。体育赛事电视转播权的销售方式主要有相互协商、广告置换、公开招标、集中销售、中介运作、一揽子计划等形式。

2. 门票收入

门票是体育赛事观赏价值的基本实现形式之一。门票销售策略有阶梯定价销售、套票优惠销售以及提前预售等。如 2004 年世界一级方程式锦标赛上海站赛事，门票划分为 9 个等级，不同等级，定价不同，赛事门票全部售罄，纯门票收入超过 3 亿元。

3. 赞助开发收入

赞助开发收入是体育赛事赞助开发部门与赞助商达成赞助支持和赞助回报协议，通过对体育赛事资源进行市场化开发换取赞助商的资金、实物或服务的支持。赛事运营管理方可以自己进行赞助开发工作，也可以委托体育经纪公司代理赛事的赞助开发工作。体育经纪公司的加入可以为体育赛事的运营管理方节省人力、物力，并使赞助开发工作更为专业，但须额外支付其委托费用。委托费用的支付一般有两种形式：一种是赛事运营管理方与经纪公司商定一笔保证费，赞助开发金额高于保证费的部分归经纪公司所有；另一种支付方式是按获取的赞助金额比例支付委托费用，通常为总赞助金额的 15%～25%。委托体育经纪公司进行赛事商业开发时，赛事运营管理方需要提前与体育经纪公司签订协议，明确双方的职责和权益，避免不必要的权责和利益纠纷。

4. 其他收入

其他内部资金筹集渠道包括赛事商品与特许经营的收入、现场产品销售、纪念商品等。

二、体育赛事的资金筹集与管理

体育赛事的资金筹集是在体育赛事资金预算基础上为赛事管理不断增加资金的系统过程。

一般而言，体育赛事资金筹集遵循明确筹资需要、设立目标和预算、制定筹资战略、实施筹资战略、监控和调整筹资目标 5 个步骤（图 5-2）。

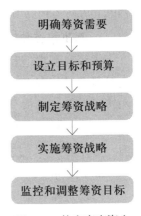

图 5-2　体育赛事资金筹集的过程

在很长一段时间内，政府是我国体育赛事的运营主体，计划手段成为资金筹集和资源配置的唯一途径，体育赛事资金筹集方式基本完全依靠政府财政补助为主的外部渠道。随着我国经济水平的发展以及社会主义市场制度的不断完善，市场在体育赛事运营管理中发挥的作用越来越大，体育赛事管理主体由政府逐渐转向市场组织，体育赛事资金筹集途径也越发多样化，赞助开发收入等内部渠道所占筹集资金比例也越来越高，我国体育赛事资金筹集出现了市场化的趋势。

依据体育赛事管理主体和筹资对象的不同，政府参与程度有所变化，有政府包办、政府主导、政府参与、市场运作几种模式。但是，体育赛事资金筹集市场化也有不平衡性，这种不平衡性既体现在不同的体育项目间，也体现在不同的地域间。一些知名度较高的体育赛事，如欧洲足球豪门参与的友谊赛——皇马中国行，以及本身市场化程度较高的体育赛事如网球大师赛，更受赞助商和观众的青睐，这类赛事资金筹集市场化程度较高。而一些级别较低的赛事，或是本身市场化程度较低的体育赛事，市场化发展却鲜人问津，通过赞助开发、门票销售等渠道筹集资金较为困难。

第三节　体育赛事赞助

体育赞助是体育赛事运营与管理的重要手段之一，它既可以盘活体育赛事中的各种有形资产和无形资产，为赛事管理提供一定的资金收入支持，又可以宣传赞助企业的企业形象，扩大赞助企业营销渠道，增长赞助企业的销售收入。体育赞助是使体育赛事运营管理方和体育赛事赞助商双方共同受益的重要商业行为。

一、体育赛事赞助概述

（一）体育赛事赞助的概念

赞助是一种平等互惠的商业交易行为，是赞助者和被赞助者等价交换支持和回报的营销手段。体育赞助是以体育为对象的赞助行为，根据赞助对象的不同，体育赞助可以分为赛事赞助、联盟赞助、俱乐部赞助、场馆赞助等。体育赛事赞助是以体育赛事活动为主题，以利益交换为形式，为达成特殊目的互利共赢的商业行为。体育赛事赞助在整个体育赞助市场中地位卓然，根据国际事件营销集团（IEG）发布的调查报告，每年体育赞助的大部分资金是花在体育赛事上的。

体育赛事、赞助商、媒体三者紧密相连，相互作用，构成了体育赛事赞助的运行体系（图 5-3）。

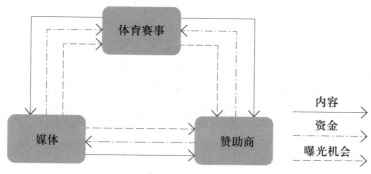

图 5-3　体育赛事赞助的运行体系

体育赛事：作为主要的内容提供者，具有丰富的可供赞助开发和媒体报道的资源，包括具有观赏性的精彩的比赛内容、有个性的体育明星、赛事主体和相关活动的冠名权、VIP 礼遇特权等。此外，赞助商肩负着内容提供者的任务，在后续赞助开发的过程中，应配合体育赛事管理，展开相应的营销活动，以借助赛事开展的时机，增加品牌曝光机会。

赞助商：作为主要的资金提供者，需要向被赞助的体育赛事方提供金钱、产品、技术或服务等支持，以此获取广告、冠名、销售或礼遇等赞助回报权利，达到提高企业知名度或美誉度、增加销售等目的。此外，媒体通过购买转播权等行为，向体育赞助方提供一定的资金。因此，媒体也是整个体育赛事赞助的资金提供者之一。

媒体：作为主要的曝光机会提供者，是赞助开发和推广过程中不可或缺的载体，包括平面媒体、电视媒体和网络媒体。媒体的报道可以突破地域、时间的限制，扩大体育赛事的影响力、提升赞助商的赞助收益。除此之外，体育赛事运营管理方也有义务为赞助商提供一定的曝光机会，体育赛事一般会有官方网站、公众号、微博等平台，利用赛事推广平台对赞助商进行曝光、推广，可以深化赞助商和体育赛事之间的合作，提升赞助效益。

在体育赛事运营管理过程中，要正确认识体育赛事赞助的运行体系，把握体育赛事、赞助商、媒体三者的联系，这对于体育赛事赞助的开发至关重要。

（二）体育赛事赞助的特点

体育赛事赞助具有隐含性、受众广泛且有针对性、排他性、整合性等特点。

隐含性：体育赛事赞助的商业行为隐藏于赞助行为之中，是一种"非广告式"的广告，不具有强制性，隐蔽而又含蓄。体育赛事赞助活动虽然具有商业目的和赞助目标，但赞助过程大多在非商业状态下运行，人们在观看体育赛事的过程中，无意识地接受赞助内容的相关信息，在潜移默化中加深观众对赞助内容的印象。

受众广泛且有针对性：体育赛事的受众具有广泛性，而体育赛事的专业性使得受众目标具有可针对性。体育赛事的受众面非常广泛，国内外都有体育赛事的热爱者和观众。而且，直播/转播技术、网络技术的发展，促进体育赛事影响力的提高，使越来越多的观众能关注到体育赛事。对体育赛事进行赞助，以体育赛事为桥梁，可以使更多的观众关注到赞助的内容。此外，不同的体育赛事项目对应的观众人群有所不同，通过赞助相应项目的赛事，可以精准链接目标客户。例如，红牛公司热衷赞助极限运动赛事，向极限运动赛事观众传达红牛活力、激情等品牌形象。

排他性：同一赛事中通常只允许同一行业的一家企业参与赞助。排他性成为企业参与体育赛事赞助的催化剂，通过同一行业的内部竞争使得体育赛事赞助获得巨大的发展。体育赛事赞助的排他性可以帮助企业营造行业领先者的品牌形象，帮助赞助企业在目标市场上建立竞争优势。

整合性：在体育赛事赞助过程中，赞助商除了充分利用体育赛事提供的曝光机会进行宣传，还须投入配套的营销费用，开展相应的配套营销活动，建立整合传播体系，以产生规模效应，扩大受众范围。

拓展阅读：
体育赛事赞
助发展概况

（三）体育赛事赞助开发的资源

对体育赛事进行赞助开发，首先需要了解体育赛事自身或其所涉及的区域内具有哪些可供开发的资源。经济学上将资源定义为"具有一定价值的现实或潜在的能作为生产要素进入生产过程的条件和要素"。通俗来说，体育赛事赞助资源是指体育赛事所拥有的可以进行商业赞助开发的各种要素。从赛事运营管理者的角度来看，可供赞助开发的体育赛事资源主要有四类：有形资产资源、无形资产资源、政府资源和衍生资源（表5-4）。这些资源相互紧密联系，在体育赛事运营管理过程中它们往往不是单独存在的，而是多种资源整合存在的，如体育赛事的政府资源中既有有形资产资源，也有无形资产资源。

▶ 表5-4　体育赛事赞助开发的资源

资源形式	具体形式
有形资产资源	赛事门票；开幕式、闭幕式入场券；赛事场地/场馆的广告位；特许经营产品；赛事印刷品
无形资产资源	赛事冠名权；赛事相关活动冠名权；赛事场地/场馆冠名权；合作伙伴、供应商、特许经营商等头衔的授予权；转播权；排他性权；视觉识别系统使用许可权；赛事知识产权；赛事组委会的名誉头衔
政府资源	赛事举办地的市场准入政策；赛事举办地政府的税收优惠政策；政府官员的出席参与；赛事举办地的户外广告
衍生资源	体育彩票的发行与经营；旅游资源；相关文体活动

1. 体育赛事的有形资产资源

体育赛事的有形资产资源指的是体育赛事本身或其所涉及的区域内的，由有形物质组成并可以通过市场开发和商业经营来创造出经济效益的资源。具体来看，体育赛事所销售的门票，开幕式和闭幕式的入场券，赛事场地/场馆的广告位，包括纪念币、纪念衫等在内的印有赛事名称或标志的各种特许经营产品，包括秩序册、成绩册、号码牌、竞赛指南、宣传画册等在内的各种赛事印刷品都属于体育赛事的有形资产资源。

2. 体育赛事的无形资产资源

体育赛事的无形资产资源指的是体育赛事本身或其所涉及的区域内的，可以产生经济价值的，没有实物形态的资源。体育赛事的无形资产资源主要是各种权益，包括赛事的冠名权、赛事相关活动的冠名权、赛事场地/场馆的冠名权、体育赛事合作伙伴、供应商、特许经营商等头衔的授予权、赛事转播权、排他性权（同一赛事中只允许同一行业的一家企业参与赞助计划）、视觉识别系统使用许可权（赛事名称、标识和吉祥物等）、赛事知识产权、赛事组委会的名誉头衔等。

3. 体育赛事的政府资源

体育赛事的政府资源又称为"市长资源"或"权利资源"，指的是体育赛事举办地的政府支持，以及政府支持所带来的政府公信力和相关扶持政策。体育赛事可以提升举办地的知名度，建立活力开放的城市形象，提高城市居民的幸福感和荣誉感，对城市的发展和建设有一定影响。此外，体育赛事的成功开展也离不开城市公共机构和各政府部门的支持和协助。因此，体育赛事运营管理方同赛事举办地政府和公共机构往往保持着良好的关系。体育赛事的政府资源主要包括赛事举办地的市场准入政策、赛事举办地政府的税收优惠政策、政府官员的出席参与、赛事举办地的户外广告等。

4. 体育赛事的衍生资源

体育赛事的衍生资源指的是由体育赛事的举办而衍生出来的相关其他资源。体育赛事的运营管理需要赛事运营者、地方政府、志愿者、医疗安保人员等的共同参与，涉及体育、新闻、交通、安保、医疗、住宿、餐饮以及金融等行业，具有巨大的社会动员和社会影响力，将这些赛事衍生资源和赛事自身的资源相结合进行联合开发可以获得良好的经济效益与社会效益。体育赛事的衍生资源主要包括体育彩票的发行与经营、旅游资源、相关文体活动等。

二、体育赛事赞助开发的原则

（一）提升赛事自身价值

体育赛事赞助开发赛事价值在于体育赛事运营管理方所拥有的各种可

赞助资源的总和，是体育赛事赞助开发的基础条件。在对体育赛事进行赞助开发之前，体育赛事运营管理方要对赛事自身的价值进行分析，了解可供开发的资源有哪些，厘清体育赛事的地位、级别、影响力，明确体育赛事的内容、性质、参与者、时间和空间等特征，进一步挖掘参加体育赛事的运动员的竞技水平、公众形象和公众关系等内容。通过梳理，将体育赛事可供赞助开发的资源进行整理与组合，以吸引赞助商赞助体育赛事。

（二）丰富赞助回报权益

体育赛事赞助回报权益的价值越高，则越能吸引企业投入赞助。体育赛事赞助回报权益是体育赛事赞助开发工作的核心。而体育赛事赞助回报权益主要取决于赞助回报的数量和质量，其中，质量更能体现价值。提升体育赛事赞助回报的质量可以从赞助回报权益的新颖度、能见度、曝光度、可信度、亲切度、美好度等方面入手。

（三）开发赞助个案创意

体育赛事赞助开发工作会以赞助个案的形式呈现在赞助商面前，优秀的赞助个案可以准确传达体育赛事自身的价值，表达赞助回报权益的丰富，并且能够让企业一见倾心，赛事运营管理结束后仍能够回味赞助过程。优秀的赞助个案除了具有准确精辟的特征，往往还具有抓人眼球的创新性。因此，可以说体育赛事赞助个案的创意是体育赛事赞助开发工作的灵魂。优秀的体育赛事赞助个案创意应具有以下特点：新奇独特；针对性强，能够引起轰动性效果；能够造福社会，美化赞助企业的品牌形象；表达方式含蓄而自然。

三、体育赛事赞助开发的策略

（一）体育赛事赞助的流程

体育赛事赞助开发大体上遵循建立体育赛事赞助开发机构、赞助市场调查研究、确定赞助目标和总体战略、设计赞助回报权益、策划并推广赞助方案、商谈和签订赞助协议、组织实施赞助方案、总结与评估等8个步骤（图5-4）。

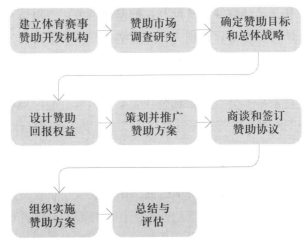

图 5-4　体育赛事赞助的流程

　　建立体育赛事赞助开发机构：体育赛事的赞助开发工作较为繁复且专业程度较高，关系到整个赛事的资金筹集和管理工作。因此，在体育赛事管理之初就应当成立专门的且较为独立的市场赞助开发部门，或者选择适当的体育赞助管理公司，以保证后续的体育赛事市场开发工作正常运行。体育赛事赞助市场开发部门是组委会的重要组成部分，下设综合处、营销处、活动处、赞助商服务处等部门。

　　赞助市场调查研究：是指在拟定赞助目标和策划之前进行的市场调查工作。调查对象既包括赛事的观众，也包括潜在的赛事赞助商；调查的内容包括赛事观众的性别、年龄、行业分布和喜好，赞助商的需求，赞助目标市场范围，赞助预算等。通过一系列的前期市场调查研究，找出赞助商的目标受众和赛事的观众、赞助商的需求和体育赛事所拥有的资源之间的契合之处，在此基础上制定赞助可行性研究，为后续赞助计划的制订奠定基础。

　　确定赞助目标和总体战略：需要明确赞助目标、赞助战略、赞助目标受众、赞助时间、赞助地点等内容。这一阶段需要解决的关键问题包括体育赛事赞助开发工作要做什么，谁来负责，什么时候做，达到怎样的目标，怎样进行监督等。确定赞助目标和总体战略需要兼顾整体性、宏观性、前瞻性和指导性。

　　设计赞助回报权益：需要对体育赛事所拥有的资源进行分解组合，形成可以与赞助商交易的体育赛事赞助回报权益。除了明晰赞助回报权益的内容，还需要对相应开展的活动的名称、日程等进行策划。

策划并推广赞助方案：需要将赞助目标、赞助回报权益等内容以赞助个案的方式呈现。这一阶段的重点工作包括赞助价格拟定、赞助个案撰写和赞助方案推广等内容。赞助价格的制定既需要考虑赛事运营的实际资金需求，又要顾及赞助商的赞助预算和赞助能力。赞助方案主要分为赞助通用方案和专用赞助个案两种类型。赞助方案的内容架构包括体育赛事背景介绍、体育赛事介绍、目标受众分析、赞助商和体育赛事的契合点、媒体计划、赞助办法、不同档次赞助的回报权益以及合作方式等。为保证体育赛事赞助双方有充足的时间进行相互考察，推广赞助方案需要提早进行、重点宣传。较为大型的体育赛事甚至会提前一两年就进行体育赛事的赞助推广工作。

商谈和签订赞助协议：潜在赞助商收到赞助个案并表达赞助意愿后，赛事赞助开发部门和赞助商之间进一步相互了解，对赞助合作的具体方式和赞助形式、赞助金额等内容进行商谈，最终签订正式的赞助合同。赞助谈判需要遵循平等自愿、协商一致、有偿交换、互惠互利、合作性、时效性、最低目标等原则。赞助合同的签订应遵循我国的法律法规规定。

组织实施赞助方案：是体育赛事赞助的关键阶段，工作重心在于逐项落实赞助合同中的各项赞助支持和回报权益，同时还需要重视赞助监督工作的执行。赞助商需要依照赞助合同中的规定保质保量履行提供资金、实物或服务等赞助支持。体育赛事的赞助开发部门需要制订赞助执行计划，责任到人，落实赞助回报权益，并在体育赛事运营管理的整个过程中，及时和赞助商联系，保障赞助商相关权益不受到伤害。

总结与评估：是体育赛事赞助的最终阶段，这一阶段工作内容主要包括体育赛事赞助开发部门对赞助开发工作进行总结、评估赞助效果，以及在此基础上谋求后续的赞助合作计划等。通过召开总结会议、分析赞助目标是否达成、财务预算评价、赛后物资处理等方式可以了解赞助开发工作的执行情况。通过对赞助商品牌销售效果、传播效果、沟通效果等方面的评估可以掌握整体的赞助效果。在这些调查的基础上撰写赞助回报执行报告并提供给赞助商。体育赛事赞助的总结与评价是珍贵的经验，应做好归档工作，为后期的赛事活动提供借鉴。

（二）体育赛事赞助的形式

依据赞助回报权益的不同，体育赛事赞助的形式可以分为冠名赞助、合作伙伴、授权产品销售商、供应商四个层次。

冠名赞助：是以赞助商企业或产品的名字作为体育赛事的主题名称，如东丽公司冠名赞助上海马拉松，赛事全称为东丽杯上海国际马拉松。一般而言，冠名赞助商是赛事最高级别的赞助形式，拥有包括冠名权、赛事标识使用权、贵宾（VIP）礼遇等赞助回报权益。一个体育赛事中，冠名赞助商通常只有一个，在赛事运营管理期间享有独家排他权，可以在赛场内拥有绝对优势的品牌曝光机会。此外，赞助企业的标识和设计元素对于赛事的主视觉设计影响很大，即赛事设计和宣传工作中往往会参考冠名赞助商的标识和设计，使二者视觉上和谐，具有一致性。

合作伙伴：通常是仅次于冠名赞助商的体育赛事赞助级别。一般情况下，一场体育赛事的合作伙伴会严格控制数量，通常为5~6个。奥运会全球战略合作伙伴一般为10~12个。从赞助回报权益上来看，合作伙伴除了不享有赛事名称权益，几乎享有其他所有跟赛事有关的赞助回报权益。在赛事管理和推广的主要场合，合作伙伴的标识通常会和体育赛事的标识一同出现，以体现合作伙伴与体育赛事之间密不可分的联系。

授权产品：销售商侧重于对体育赛事无形资产的开发，将无形资产转化为有形资产，销售商是组委会特别授权的允许开发带有赛事标识或赛事吉祥物等无形资产的纪念品或产品的企业。例如，奥运会特许经营是奥组委授权企业生产或销售带有奥组委标志、吉祥物等奥林匹克知识产权的产品，如纪念邮票、纪念币、奥运会吉祥物玩具、服饰、电子产品。

供应商：是向体育赛事管理者提供满足赛事管理所必需的竞赛性或保障性需求的产品或服务的赞助商。供应商对体育赛事的赞助以提供实物或服务为主，配以少量现金赞助。赛事的供应商通常只享有赛事的授权，而不享有赛场广告牌曝光、媒体曝光宣传等赞助回报权益。供应商是赛事赞助开发中重要的一环，一般来说，供应商的赞助花费较低，是性价比较高的赞助选择。对于赛事运营管理方来说，赛事的运营管理过程离不开供应商的支持。

实训与思考

实训练习

请扫描二维码查看案例。

阅读案例，思考并分析 2021 年全国运动会市场开发计划中是如何进行体育赛事赞助开发的。

案例：2021 年全国运动会市场开发计划

思考题

1. 简述体育赛事成本估计方法。
2. 简述如何为体育赛事筹集资金。
3. 简述体育赛事赞助开发的资源。

第六章

体育赛事营销

本章导言

　　体育赛事营销是体育赛事运营管理工作的重要内容之一。体育赛事营销是通过创造、沟通、传播和交换有价值的体育赛事及其相关产品，为自身、顾客、合作伙伴以及整个社会带来价值的活动、过程和体系。它包括吸引公众前来观看比赛或关注媒体对赛事的报道，与政府部门进行沟通以获得政府对赛事强有力的支持与参与，寻求企业及其他团队、个人对赛事的赞助、捐助、捐赠与支持，寻找能为赛事提供各种高效、专业化产品与服务的供应商等。近年来，我国体育赛事产业逐步走向社会化、市场化运作道路，大型体育赛事、我国自主培育的体育赛事IP都越来越重视体育赛事营销，打造体育赛事品牌，提升品牌价值和形象。

知识目标

1. 掌握体育赛事营销的特征和价值。

2. 了解体育赛事营销的宣传方式。

3. 熟知体育赛事组织和政府组织的关系、体育赛事组织内部公众的关系、体育赛事组织与赞助商的关系。

4. 掌握体育赛事营销的主要内容。

能力目标

1. 能够运用赛事公共关系理论处理体育赛事各类公共关系。

2. 能够运用市场营销环境分析框架剖析体育赛事运营与管理。

3. 能够运用市场营销组合分析框架剖析体育赛事营销策略。

素养目标

通过掌握体育赛事营销的相关内容，培养以客户为本的服务意识，形成从客户心理出发的销售思维，从而提升体育赛事营销人员的职业素养。

第一节　体育赛事营销概述

　　菲利浦·科特勒是对营销学科影响最大的学者之一，他从两个角度表述了营销的含义，一是从社会角度看，市场营销是以满足人类各种需要和欲求为目的，通过市场将潜在交换变为现实交换的活动；也是个人和集体通过创造、提供出售，并同别人自由交换产品和价值，以获取其所需所欲之物的社会过程。二是从管理学角度看，营销就是当潜在交易中至少有一方正考虑如何从另一方获得所渴求的反应时而形成的目的和手段的过程，它需要选择目标市场，通过创造、传递和传播优质的顾客价值，来获得消费者的青睐。体育市场营销是以体育活动为载体来推广体育产品和品牌的一种营销活动，是市场营销的一种重要手段。体育赛事营销是指以体育赛事以及相关产品和服务为载体，以满足体育赛事相关利益个人或群体需求为目标的运作管理过程。运动员、观众、媒体、政府、赞助商、供应商和后勤保障人员都是体育赛事市场营销的重要组成部分。

一、体育赛事营销的定义

　　体育赛事作为体育产业中必备且关键的一环，因其营销的商业价值逐渐受到企业品牌重视。体育赛事营销借势重大体育赛事，以品牌形象转移理论为作用原理，提升品牌形象与品牌价值，在企业品牌建设和企业文化传播过程中具有传统营销模式无法比拟的优越性。自20世纪90年代以来，体育赛事营销传播渠道的发展呈现着从传统媒体逐渐走向媒介融合的趋势，而其营销模式逐渐从以赞助、广告为主的传统营销模式向线上线下多种营销方式融合创新的整合营销模式转变。本书采用学者王亚君关于体育赛事营销概念界定的观念，认为体育赛事营销是指利用现代营销手段、借助体育赛事而进行的一种营销形式，这种营销的目的是帮助品牌广告主塑造优质形象，激发消费者消费能力，从而达到消费产品与提供服务以获得利益。它主要包括体育赛事门票营销、体育赛事媒体营销、体育赛事特许产品营销等。

二、体育赛事营销的特征

（一）商业性

随着体育赛事的广泛传播，体育赛事以其观赏性、竞技性和休闲性的特点，成为世界各地的地方盛会之一，也是最被广泛认同的人类活动之一。体育赛事背后蕴含无限的商机，如根据各个赛事的商业赞助、电视转播和综合收益等情况，通过外媒测算可以得知足球世界杯价值高达 327 亿美元，欧洲冠军联赛价值 218 亿美元，英格兰足球超级联赛价值 173 亿美元，美国职业篮球联赛价值 17.2 亿美元。橄榄球、棒球、足球、篮球、冰球等运动联赛收入也较高。体育赛事已经成为体育产业重要的组成部分。体育赛事对政治、经济、文化等方面有一定的影响，对企业发展或品牌保值增值具有一定的价值。体育赛事赞助已经成为世界各地企业进行品牌宣传的主要方式之一。

拓展阅读：
全球体育联
赛年收入榜
单

（二）无国界性

体育赛事营销具有无国界性，如奥运会、世界杯足球赛、世界一级方程式锦标赛等体育赛事在世界各地举行。奥林匹克运动会是一项重大国际赛事，拥有奥林匹克标志、格言、奥运会会旗、会歌、会徽、奖牌、吉祥物等象征性标志。国际足联举办的世界杯是世界上最高荣誉、最高规格、最高竞技水平、最高知名度的足球比赛，2018 年俄罗斯举行了第 21 届世界杯足球赛，2022 年世界杯在卡塔尔举行。世界一级方程式锦标赛是由国际汽车运动联合会举办的最高等级的年度系列场地赛车比赛，是当今世界最高水平的赛车比赛，年收视率高达 600 亿人次。作为文化活动的一部分，体育赛事更是跨国界、跨年龄、跨种族，为全世界人民所喜爱的活动。

（三）特定性

在世界重大比赛现场，各类观众数量之多是其他事件营销不能做到的。据统计世界性体育赛事的观众人数较多的有世界杯足球决赛、欧洲杯决赛、欧洲冠军联赛决赛、奥运会百米决赛、世界杯板球决赛、超级碗、世界一级方程式锦标赛总决赛和温网决赛等。2018 年世界杯足球决赛收视人数创造历史纪录，俄罗斯有 2 081 万名观众收看决赛，巴西有 4 045 万名观众收看决赛，德国有 2 132 万名观众收看决赛，美国有 1 601 万名观众收看决赛。在 2019 年中国汽车摩托车运动大会上，世界花式摩托车表演赛、中国汽车漂移锦标赛（CDC）、中国汽车耐力锦标赛（CEC）、中国汽车场地职业联赛（CTCC）及中国卡车公开赛（CTRC）同场竞技，共吸引十余万名观众。体育赛事直播是一种世界性沟通语言，它打破了文化、语言、国界和种族等方面的障碍，使各国之间的融合更加广泛，体育赛事、消费者、企业之间的联系更加密切，可以快速提升品牌价值，快速推进品牌的国际化进程及增值。

（四）公益性

体育事业是现代人类社会共有的一项公共事业，体育赛事具有一定的事业属性，是一种具有社会责任感的活动。2008 年北京奥运会公益广告《相信篇》——"公益广告也是一盏灯"，我国知名演员濮存昕通过讲故事的方式呼吁大家从一点一滴做起，支持北京奥运，参与北京奥运，奉献北京奥运。国家体育总局社会体育中心、中华全国妇女联合会宣传部、中央电视台体育频道、美国职业篮球联赛、蒙牛等联合主办了《城市之间》节目，这个节目以群众为基础，以体育为媒介，以城市为依托，通过采访对象的对话、城市宣传片、穿插城市特色节目的表演以及城市选手的风貌等方式充分展示城市特色。《城市之间》一般在夏季播出，现场观众有七八千人，收视率曾夺冠，英国、德国、西班牙等国家和地区都相继推出了本国的《城市之间》节目。

三、体育赛事营销的价值

（一）满足消费者多层次需求

马斯洛理论把需求细分为生理需求、安全需求、社交需求、尊重需求和自我实现等五个方面的需求，从较低层次到较高层次进行排列。体育需求是居民因生理或社会原因而产生从事体育活动的愿望和要求。在现代社会生活发展中，生产方式、生活方式、生活环境等方面的变化使人们对健康、娱乐、社交、自我实现的需求不断增长，而体育活动的多功能性对满足人们的身心需求和社会需求具有明显作用。随着居民的可支配收入不断增加，我国体育爱好者的需求也从以观赏性赛事为主开始转向以参与性体育赛事为主。体育爱好者更加倾向于选择参与性体育赛事。目前，我国居民体育消费总规模已超过 2 万亿元，从消费类型来看，已出现从实物型向参与型和观赏型的转变趋势。

（二）适应流量经济潮流

流量经济指架构在粉丝用户和被关注者关系之上的经营性创收行为，是一种通过提升用户黏性并以口碑营销形式获取经济利益与社会效益的商业运作模式。我国各类商家能够借助商业平台，通过一些兴趣点聚集朋友圈、粉丝圈，给粉丝用户提供多样化、个性化和体验化的商品和服务，最终转化成消费，实现盈利。以姚明为例，他在美国职业篮球联赛期间通过商业赞助、电视转播、产品授权销售等，在中国市场的收入高达 12 亿美元，而姚明则为火箭队至少增加了 1.67 亿美元的资产。姚明作为篮球巨星吸引了中央电视台等媒体的关注；女排运动员朱婷、乒乓球运动员马龙、田径运动员苏炳添等也有大量的粉丝，并吸引了大量媒体的关注。

（三）提升企业品牌价值

体育赛事营销是通过体育赛事这种消费者喜闻乐见的形式，拉近消费者与品牌之间的距离，为消费者提供品牌消费的情感体验，使得消费者与品牌建立情感连接，从而进行品牌价值的传递。东风雷诺和武汉马拉松联姻成就了企业价值和赛事价值的双增长。武汉马拉松被誉为"最美马拉松"，自 2016 年创立以来，便以飞速发展的"黑马"之姿成为最受跑友们欢迎的赛事之一。2020 年，武汉马拉松迎来了五周年庆典，以"与梦共伍"为赛事宣传口号，于 4 月 12 日鸣枪开跑，26 000 名中外马拉松运动员和爱好者向全程马拉松、半程马拉松、13 公里跑三个项目发起挑战。东风雷诺与武汉马拉松互相促进、共同发展。依托雷诺和东风两大世界级汽车集团之力，东风雷诺坚持深耕中国市场，打下扎实的企业基础。东风雷诺倡导挑战自我的精神以及环保健康的生活方式，是东风雷诺与武汉马拉松共有的理念。东风雷诺始终深度参与体育赛事，持续为赛事提供专业组织和支持，不仅组织媒体、车主、员工和经销商成立跑团、志愿者团队，更致力于传递积极向上的精神面貌和有品质的运动生活方式。公司品牌将自身文化与体育赛事有机结合，探索两者的共同点，使得消费者感到两者审美情趣的契合，从而提升品牌在消费者心中的形象，达到提升品牌价值的目的。

四、体育赛事营销方式

（一）赛事代言宣传

除了赛事本身，明星运动员也是重要的体育营销资源之一。这些明星运动员拥有较高的人气、话题和影响力，这些都和体育赛事宣传息息相关。例如，2019 年 1 月 18 日，美国运动品牌安德玛通过微博官宣：欢迎朱婷加入安德玛（UA）大家庭。朱婷在土耳其超级联赛和欧洲冠军联赛中星光熠熠，在女排世界杯赛场上，朱婷成为史上第一位蝉联 MVP 的超级球星。

（二）赛事广告宣传

体育广告是指以体育赛事、体育场馆、体育旅游、体育报纸、体育杂志及其他与体育有关的形式为媒介，将商品信息、劳务产品、企业文化等信息传递给消费者的手段。体育广告和普通广告相比有着较大的区别，它是以动态或者静态等方式为表象，意在表现一种体育器材及装备的性能及其应用范围，以广泛的体育形式展现出品牌的效应。体育赛事广告是指利用赛事门票、通行证、宣传海报、体育场馆内外标志、新闻发布会、活动舞台、节目单页等资源来将企业信息宣传给消费者的平台。大量企业利用赛事推广自己的品牌。赛事广告是企业和消费者的桥梁，具有较好的媒介作用。

（三）赛事媒体宣传

媒体宣传是体育赛事营销的重要手段。从时间维度上，体育赛事媒体宣传分为赛前、赛中和赛后宣传。从宣传形式上，既采用图文、电视、新闻专题、音视频等方式，也有直播和动画等方式。营销人员需要根据不同宣传阶段的方向，而选择不同的配比。从宣传媒介上，有报纸、杂志、广播、电视、新媒体等。目前我国主要的宣传媒体包括：中央电视台新闻频道、中央电视台体育频道、省级卫视等官方电视媒体，还包括搜狐视频、新浪视频、爱奇艺视频、雅虎体育、娱乐与体育电视网、体育画报、腾讯视频、优酷视频等专业视频媒体，还有各类自媒体如抖音、微信进行现场视频直播、录播、图文直播等。

（四）赛事人员宣传

体育赛事营销宣传最大的特点是以体育赛事为平台和纽带，将赞助企业和目标受众有机联系。例如：2019年美国职业篮球联赛中国赛的赞助商，共有公牛、蒙牛等21家等企业。这些企业在体育赞助中投入巨大，如何充分利用这次赛事向目标顾客介绍产品、品牌与企业，将赞助利益最大化，营销人员可以发挥巨大作用。

（五）体育赛事主题活动宣传

体育赛事主题活动是指在体育赛事选择、确定、筹备、举办、收尾等各个环节中，为达成体育赛事既定的目标，围绕体育赛事的中心任务而举办的各种类型、形式与内容的相关活动的总称。体育赛事主题活动是体育赛事营销的有效方式，可以有效丰富体育赛事的内涵，拓展体育赛事的外延，无论对于社会体育赛事、商业性体育赛事，还是大型体育赛都具有提升体育赛事的价值、延续与提升体育赛事的品牌价值的作用。体育赛事主题活动的方式很多，开、闭幕式，新闻发布会，体育主题展览会，志愿者招募启动仪式，火炬接力等都是呈现方式。以火炬接力为例，1936年，从柏林奥运会开始，每届奥运会前，在奥林匹亚的赫拉神庙遗址前都要举行庄重的点火仪式，奥运火炬传递已经成为当地重要的仪式，国际奥委会、奥运会主办地和当地的官员都要出席。除了奥运会，亚运会、世界军人运动会等赛事也有赛事火炬接力。第七届世界军人运动会火炬传递以"共享友谊、同筑和平"为主题，以"创军人荣耀、筑世界和平"为口号，采用展示性传递和接力传递相结合的方式，在全国全军43个站点进行，包括27个城市和16个部队站点。全程途经北京市、河北省石家庄市、上海市、江苏省南京市、福建省龙岩市、广东省深圳市、贵州省遵义市、陕西省西安市和延安市等全国10个城市。火炬总长700毫米，重量780克，整体外观为三角造型，火炬顶部由三团火焰紧靠相融而成，象征着世界各地的军人相聚中国。火炬接力的过程隆重，有政界人物、著名运动员、知名企业家等参加。

案例：国内冰雪体育赛事营销

五、体育赛事公共关系

公共关系是指组织机构与公众环境之间的沟通与传播关系。体育公关关系主要是指负有体育工作使命或其工作与体育有密切依附关系的组织、团体和机构，为了自身事业发展采取的行动。体育赛事公共关系是指体育赛事运营管理者运用信息传播、新闻媒体、良好沟通、反馈机制和管理体制等方式，采用一系列有效方法，有计划、有目的、有组织地进行沟通，增强政府组织、赛事观众、新闻媒体、赛事赞助商、体育名人、赛事保障人员等方面的相互了解和信任，提高体育赛事综合效益的过程。

（一）体育赛事组织内部公众的关系

体育赛事组织内部公众是指体育赛事的各类构成群体，主要由体育赛事管理者、运动员、裁判员、志愿者和工作人员等方面组成。体育赛事管理者采用一定管理方法和手段整合人、财、物、时间和信息等资源，充分调动积极性，实现体育赛事组织目标的管理人员。运动员是从事体育运动的人员，是体育赛事的核心资源，运动员的竞赛水平直接关系到体育赛事的价值。裁判员是体育赛事中的执法者，也是组织者和领导者，裁判员的水平可以直接影响运动员技术和战术的发挥。志愿者是指志愿贡献个人的时间及精力，在不为任何物质报酬的情况下，为改善社会服务，促进社会进步而提供服务的人。志愿工作具有志愿性、无偿性、公益性、组织性特征。工作人员是体育赛事能够正常开展的重要保障。体育赛事组织内部公众需要强化沟通和反馈机制，明确工作职能和责任等。

（二）体育赛事组织和政府组织间的关系

各国城市主动申请和举办大型体育赛事能够快速提升城市的全球影响力，如伦敦、巴黎、圣安东尼奥、南安普顿、印第安纳波利斯以及北京、上海等城市通过重大体育赛事的举办都推进了当地经济快速发展。与此同时，政府也是体育赛事能够成功举办的关键因素。体育赛事活动往往和政治、经济、文化、社会等方面有较大联系，组织运行也具有多样性、动态性和整体性。如第十三届天津全国运动会共设置 31 个比赛大项、42 个分项、341 个小项，有来自全国各省、区、市、解放军、新疆生产建设兵团、港澳台和行业体协代表团参赛，有 1 万名运动员、4 000 名体育官员、5 300 名技术官员、4 000 多名媒体记者等约 10 万人来津参赛和观赛。根据竞赛要求，本届全国运动会共需比赛场馆 47 座，组委会充分利用学校、体育系统、社会力量和相关城区的现有土地进行合理规划，新建体育场馆 21 座，改建体育场馆 15 座，利用现有体育场馆 11 座。大型运动会需要政府部门协调交通、场馆、宾馆、餐饮、环保、安全和环境卫生等方面的工作，这些都和体育赛事息息相关。

（三）体育赛事组织与赞助商之间的关系

赞助是指企业为了扩大影响力、品牌度和认可度而向体育赛事、艺术活动、社会团体提供资金支持的一种行为。体育赞助是以体育为对象的赞助，向体育组织提供金钱、实物或劳务等支持和赞助，体育组织则以广告、冠名、专利、转播、特许等无形资产作为回报，使二者平等互利，共同获益的商业活动。以中国男子篮球职业联赛为例，盼盼豹发力正式与中国男子篮球职业联赛签约，成为中国男子篮球职业联赛官方能量饮料。中国男子篮球职业联赛在商务开发方面卓有成效，诸多知名企业加入中国男子篮球职业联赛大家庭当中，如联赛官方合作伙伴新增快手短视频、长隆旅游度假区和58同城安居客。体育赛事组织要了解赛事受众的规模、人口统计学和心理特征，要针对具体的赞助商制定详细的意向书，保护赞助商的商业权利。

第二节　体育赛事营销的主要内容

一、体育赛事门票营销

（一）体育赛事门票营销概述

在市场经济中，体育赛事产品的价格对体育赛事产品的总需求和总供给会产生重要影响，从而影响体育赛事资源的有效配置。因而，科学、合理地制定体育赛事产品的价格，不仅对体育赛事资源配置起到优化作用，有效提高体育资源的使用效率，还可以推动体育竞赛表演市场的繁荣和昌盛。近几年，奥运会门票收入占到奥运会总收入的20%。

（二）影响门票销售的因素

1. 居民收入水平

居民消费水平是指居民在物质产品和劳务的消费过程中，对满足人们生存、发展和享受需要方面所达到的消费程度。居民消费水平受到收入水平的影响，随着我国经济持续向好，居民收入不断增加。国家统计局发布数据显示，2021年全国居民人均可支配收入35 128元，扣除价格因素实际增长8.1%，与经济增长基本同步。其中，城镇居民人均可支配收入47 412元，比上年名义增长8.2%，农村居民人均可支配收入18 931元，比上年名义增长10.5%。居民收入的高低既反映市场主体的运行情况，又反映社会消费潜力的基本情况，对于体育赛事门票销售会产生一定影响。

2. 居民消费水平

居民消费水平在很大程度上受到总体经济情况的影响。国内生产总值（GDP）是用于衡量一个国家和地区总收入的一种整体经济指标。经济扩张时期，居民收入稳定增长，国内生产总值也会较高，居民用于体育消费的总体支出较多，消费水平也会增高；相反，经济收缩时，整体收入也会下降，国内生产总值也低，用于体育消费的支出较少，体育消费水平随之下降。体银智库对月收入和体育消费关联情况进行了系统分析，经过研究得出：居民收入5 000元以上和体育赛事消费能力成正向关系。在体育赛事过程中，消费200~500元体育赛事服务是多数消费者可以认可的。从地域来看，大中小城市在体育赛事消费上没有显著区别，区别主要在于200元以上的市场，城市越大，消费者消费能力越大。2020年我国居民人均体育消费支出1 330.4元，增幅不仅高于同期居民人均生活用品及服务消费的支出，也高于同期居民人均教育文化娱乐消费支出，体育消费呈现良好的发展前景。

3. 居民消费偏好

消费者在任意给定的时间内会有多种不同的需求，主要包括生理需求和心理需求。根据马斯洛的动机理论，居民在满足了基本需求之后，就会转向寻求较高层次的需求。体育比赛的观赏性和参与性需求是在满足了基本生活需要之后产生的，满足的是消费者的一种心理需要，因而，这种消费形式受到消费者心理因素的影响。消费者偏好是消费者对体育赛事相对价值的主观评价，它受到居民性格、信念和态度等因素的影响。消费者特别是体育迷对于门票价值不是太敏感，对体育赛事忠诚度较高，往往支持一个球队，只要是这个球队的比赛，体育迷都会观看。因而，消费者偏好对消费者是否出席体育比赛的影响相当大。

（三）体育赛事门票定价策略

1. 心理定价策略

心理定价策略就是体育赛事运营公司在确定产品价格时，运用心理学的原理，根据不同类型消费者的体育消费心理来制定价格，它是定价的科学和艺术的结合。心理定价策略包括声望定价、尾数定价和招徕定价等。北京奥运会采取的是声望定价策略，采取以 6 或 8 为尾数的尾数定价法，并取得了较好的效果。偶数票价往往给人以较高的感觉，有利于在消费者心目中树立高价优质的形象。因此，体育赛事在制定门票价格时总是采取偶数定价的策略。

2. 折扣定价策略

体育赛事折扣定价是指对基本价格作出一定的让步，直接或间接地降低体育赛事价格，以争取体育消费者，扩大门票销量。体育赛事折扣一般包括数量折扣、现金折扣、功能折扣、季节折扣等。对于那些一心想到奥林匹克体育现场观看所有赛事的人而言，根据比赛阶段和观众对比赛项目偏好及观众人数的不同，奥组委会对门票进行数量折扣，对团购票进行打折，同时还会根据比赛阶段的不同，进行"季节性打折"，以刺激非高峰期间的门票需求。

3. 差别定价策略

体育赛事公司一般用两种或多种价格销售一个赛事产品服务，价格差异并不是以成本差异为基础得出的。差别定价又称"弹性定价"，是一种"以顾客支付意愿"而制定不同价格的定价方法，目的在于建立基本需求、缓和需求的波动和刺激消费。

二、体育赛事媒体营销

（一）体育赛事媒体概述

拓展阅读：全球体育联赛转播费榜单

体育传媒作为一种重要的营销力量，这种力量和赛事运作管理之间有着较大的关联。从 20 世纪 90 年代末开始，我国陆续引进了一系列的国际大型体育赛事，包括职业网球联合会世界巡回赛、美国职业篮球联赛中国赛、职业网球联合会世界巡回赛总决赛、田径黄金大奖赛事等著名赛事。赛事和媒体联系较为紧密，英格兰足球超级联赛、美国职业橄榄球大联盟、西班牙足球甲级联赛、欧冠、美国职业篮球联赛等赛事已成为体育媒体报道的重要内容。体育新闻节目每天在 2 小时左右，而体育赛事的直播、录播通常占到每天节目总量的 50% 以上。体育赛事转播是核心体育资源，是电视台、互联网、直播平台等转播机构就其制作的体育赛事节目和提供的转播信号，享有著作权或者录音录像制作者权、广播组织权，也是一种官方授权。

拓展阅读：
体育赛事媒
体介绍

（二）体育赛事媒体营销注意事项

1. 建立转播市场的良性竞争机制

随着电视转播新技术广泛运用于体育赛事转播，腾讯体育、中视体育、阿里体育、体育画报等体育媒体快速发展，促进了电视转播快速发展。为了推动体育赛事电视转播市场的持续、健康和有序发展，要建立一种良性竞争机制，使各个电视媒体之间形成良性的竞争机制，不能只考虑自身的利益，让各电视台无序竞争。避免恶性竞争，才能形成开发体育赛事电视转播市场的良好局面。

2. 积极探索跨界营销新模式

现在"互联网＋"已经成为热门的话题，如"互联网＋艺术品""互联网＋工业""互联网＋农业"等。"互联网＋实体"成为新的营销方式之一，并且在营销中的地位越来越高。腾讯美国职业篮球联赛市场营销，不仅是体育行业，更不仅仅是 VIP 会员服务，事实上 VIP 会员收益仅占腾讯美国职业篮球联赛收益的 15% 左右，而商业广告、衍生产品以及增值服务占其收益的比重是非常大的。因此一个平台在进行体育营销的时候，虽然要以做好体育报道等信息传播为主体，但是可以拓宽思路，不断提升体育报道工作质量，探寻盈利的新模式。

3. 提高体育赛事电视转播的收益

根据市场经济的规律，价值最为直接的反映是价格。各个大型体育赛事都有自己的电视转播收益，一般受到体育比赛水平和体育赛事影响力等因素的直接或间接影响。体育赛事管理者需统筹各方利益，在充分考虑各方面因素的基础上，增加体育赛事电视转播的收益。

三、体育赛事特许产品营销

（一）体育赛事特许产品概述

体育赛事特许产品开发作为体育赛事资源开发的重要组成部分，是经营与开发体育赛事的有形与无形资产，挖掘、整合各项资源的重要形式。随着体育赛事资源开发逐步走向多元化、市场化，特许产品作为赛事开发收入增长点的后发优势已经凸显，对体育赛事资源开发收入的贡献逐步提升。我国体育赛事特许产品具有多类别、多品种的特点，主要包括：纪念邮票和纪念币、特许工艺品和珠宝首饰、特许日用品和体育用品、赛事吉祥物以及胸章（纪念章）、音像制品以及出版物和特许商品等。

（二）体育赛事特许产品的生命周期

1. 投入期

体育赛事新产品投入市场，便进入投入期。此时，消费者对体育赛事产品不是太了解，只有少数赛事爱好者可能购买门票等赛事产品，销售量很低。为了扩展销路，需要大量的体育赛事促销费用，对产品进行宣传。在这一阶段，体育赛事的知名度不是太高，体育赞助商的支持力度不是太大，体育广告的宣传成本也较高，这会导致体育赛事成本过高，销售额增长缓慢，企业不但得不到利润，反而可能亏损，体育赛事产品也有待进一步完善。

2. 成长期

随着体育赛事的影响力不断增加，知名度越来越高，媒体运作越来越成熟。这个时候，体育消费者对赛事产品已经逐步熟悉，一些体育爱好者开始购买体育产品，赛事市场也在逐步扩大。体育赛事产品开始批量生产，生产成本相对降低，体育供应商开始逐步获利，利润空间进一步增加，同质产品开始涌入市场，利润也不断增加。随着体育赛事价格进一步下降，企业利润增长速度不断降低，最后达到生命周期利润的最高点。

3. 饱和期

在这个时期，体育赛事产品需求趋向饱和，潜在的体育消费者已经减少，可以挖掘的潜力不是太多，赛事销售额增长缓慢直至转而下降，标志着体育赛事产品进入成熟期。与此同时，由于体育赛事管理者经验不断增加，水平日益增强，体育赛事的成本开始减少。在这一时期，体育赛事竞争逐渐加剧，产品售价降低，促销费用增加，企业利润下降。

4. 衰退期

由于各类同质赛事不断涌入，体育赛事的竞争开始不断加剧，体育赛事产品的销售量开始不断下降。随着体育赛事科学技术的发展，新体育赛事产品或新的代用品出现，将使顾消费者的消费习惯发生改变，转向其他体育赛事产品，这就需要赛事公司寻找新的市场机会，进入新的领域，体育赛事产品又将进入新的衰退期。

（三）体育赛事特许产品营销策略

1. 创新体育赛事特许产品策略

体育赛事特许产品策略需要不断去创新，这种创新既表现在规划策划，也体现在产品创新上，北京冬奥组委通过公开征集，确定特许生产商31家、特许零售商62家，开设特许零售店80家，并在天猫平台开设"奥林匹克官方旗舰店"，推出特许商品1 800余款，实现销售收入超过5亿元。冬奥会特许经营计划把企业发展与冬奥契机有机结合起来，实现企业与冬奥一起创新发展、锻炼提高、成长壮大。比如在研制冬奥吉祥物"冰墩墩"毛绒玩具的过程中，在北京冬奥组委的组织下，各家特许企业争分夺秒、研发攻关，如期将第一批带有硅胶外壳的"冰墩墩"毛绒玩具送到消费者手中，完成了"不可能完成的任务"。从产品、价格、渠道到促销等环节，体育赛事特许产品需要进行大胆创新。

2. 多层次开发目标市场

体育目标市场按消费者的特征把整个潜在市场，细分成若干部分，根据产品本身的特性，选定其中的某部分或几部分的消费者作为综合运用各种市场策略所追求的销售目标，此目标即为目标市场。体育特许商品开发需要多层次开发目标市场，确定目标消费人群，了解受众收看体育赛事的需求，在为受众提供高质量的视频等服务的同时，也了解受众的消费习惯、理念，并在此基础上，对客户群体进行精准的细分，跨界寻求合作伙伴，开设会员服务等，实现了营销产品的多样性，推广方式的多样性。

3. 完善市场监控体系

知识产权是指人类的智力劳动成果所有权。它是依照各国法律赋予符合条件的著作者、发明者或成果拥有者在一定期限内享有的独占权利。体育特许经营权的实现需要借助其中的知识产权，通过利用其中的知识产权可以使特许经营权中蕴含的经济利益得以实现。我国政府要建立完善的赛事知识产权保障体系，使体育知识产权得到保护。体育特许商品可以借助特许人的知识产权实现自己投资盈利的终极目标，减少品牌创建费用，实现利益最大化。

第三节 体育赛事营销分析和评价

一、体育赛事营销环境分析

体育赛事营销环境指的是影响体育赛事组织的营销管理能力、决定其能否有效发展和维持与目标顾客交易关系的外在参与者及它们的影响力。营销环境主要由宏观环境和微观环境组成。

（一）宏观环境分析

第一，人口环境。体育人口的规模及增长率、年龄分布和种族组合、密度、受教育水平、家庭类型、地区特征和迁移活动等都会影响体育赛事的规模与结构、特征与变动趋势。我国将每周身体活动频率3次（含3次）以上、每次身体活动时间30分钟以上、每次身体活动强度中等程度以上的人群定义为体育人群。统计数据表明，我国有34%的居民经常性参与体育锻炼，积极从事体育活动的人口高达4.34亿人。

第二，经济环境。体育赛事营销环境是营销活动的外部社会经济条件。主要包括居民总收入、消费者的收入和支出水平、消费结构水平、体育产业规模、体育产业结构、体育赛事市场规模等。到2020年我国体育产业总规模超过3万亿元，产业增加值在国内生产总值中的比重达1.0%，体育服务业增加值占比超过30%，体育消费额占人均居民可支配收入比例超过2.5%。

第三，政治法律环境。政治法律环境是指影响和制约企业营销活动的政府机构、法律法规及公众团体等。国家近期出台了《国务院办公厅关于促进全民健身和体育消费推动体育产业高质量发展的意见》《促进体育消费试点工作实施方案》等文件对于推动体育赛事发展具有促进作用。

第四，社会文化环境。社会文化环境是指在一种社会形态下已形成的信念、价值观念、宗教信仰、道德规范、审美观念以及世代相传的风俗习惯等被社会所公认的各种行为规范。

（二）微观环境分析

第一，竞争者。竞争是商品经济的必然现象之一。各类企业在目标市场进行营销活动时，都不可避免地会和竞争对手挑战。同时，就体育赛事营销本身而言，也存在体育赛事项目之间市场资源的竞争，如我国职业化程度较高的足球、篮球。

第二，顾客。顾客是指使用进入体育消费领域的最终体育产品或劳务的消费者和生产者，也是营销活动的最终目标市场。顾客对体育赛事营销的影响程度大大超过各种环境因素。消费者在进行观赏和参与体育赛事时得到的体验非常重要。

第三，营销中介。营销中介是指体育赛事营销活动中提供各类体育服务的部门总称。营销中介对体育赛事营销产生较为的直接影响，只有通过有关营销中介所提供的各类体育服务，才可以把体育产品顺利地送到目标消费者手中。体育赛事通过中间商、营销机构、物资分销机构和金融机构等中介方式来进行营销。

第四，供应商。供应商是指对体育赛事提供一定生产所需资源的体育供应商。这些资源的变化可以直接影响体育赛事的质量，从而影响营销计划和营销目标的完成情况。

二、体育赛事营销战略分析

（一）市场竞争战略分析

市场竞争战略是指企业依据自己在市场上的地位，为实现竞争战略和公司盈利而采用的一系列的行动方式。具体包括：

第一，市场主导者的竞争策略。市场主导者为了保持自己在市场上的竞争地位和行业领先，采用阵地防御、侧翼防御、先发制人防御、反击式防御、运动防御等战略战术，扩大企业市场份额，增加用户数量，提高市场占有率等策略。

第二，市场挑战者的竞争策略。市场挑战者在行业类处在次要地位，主要通过价格竞争、产品竞争、服务竞争、渠道竞争等战略战术来提高自己的市场份额和市场竞争地位，甚至取代市场领先者的地位。

第三，市场追随者的竞争策略。市场领先者与市场挑战者的角逐，往往非常激烈，从而使其他竞争者不敢贸然向市场领先者直接发起攻击，更多的还是选择市场追随者的竞争策略，主要策略有仿效跟随、差距跟随、选择跟随等。

第四，市场补缺者的竞争策略。各个行业都存在大量的中小型企业，这些小型企业往往处于弱势地位，他们主要采用专门化、顾客专门化、产品专门化等战略战术进行竞争，这些竞争者往往以规模较小的细分市场为目标市场，通过专业化营销，集中资源优势来满足这部分市场的需要。

（二）目标营销分析

目标营销是指企业根据不同的购买者群体，选择其中一个或几个作为目标市场，运用适当的市场营销组合，集中力量为目标市场服务，满足目标市场的需要。具体包括：

第一，市场细分。市场细分是指营销者通过市场调研，依据消费者的需要和欲望、购买行为和购买习惯等方面的差异，依据可衡量、可进入和系统性等原则，以地理变量、人口统计变量、心理变量等指标，把体育赛事产品整体划分为若干消费者群体的过程。

第二，目标市场。目标市场是企业为了满足体育赛事消费者需求，按照体育赛事消费者属性将市场细分为若干部分，并运用综合分析将市场锁定为细分市场。

第三，市场定位。市场定位是指确定目标市场后，体育赛事企业将通过何种营销方式、提供何种产品和服务，在目标市场与竞争者中以示区别，保留深刻的印象和独特的位置，从而树立企业的形象，取得有利的竞争地位。

三、体育赛事营销组合分析

营销组合这一概念是由美国哈佛大学教授尼尔·鲍顿在 1948 年最早采用的，随后麦卡锡教授分析营销组合要素为产品（product）、价格（price）、渠道（place）和促销（promotion），并由此提出了 4P 战略，最早将复杂的市场营销活动进行简单化、抽象化和体系化，构建了营销学的基本框架。

（一）产品（product）

产品是指作为商品提供给市场，被人们使用和消费，并能满足人们一些需求的任何东西。体育赛事产品是一种提供体育竞赛产品和相关服务产品的特殊事件。主要由核心产品、附加产品和外部产品组成，具体是各类体育竞赛活动、体育纪念品与特许商品、体育赛事带动的相关产品。

（二）价格（price）

商品的价值是凝结在商品中的一般人类劳动。体育赛事产品价格受到赛事产品、赛事供给、居民收入、政治经济等方面的影响。企业一般根据赛事消费对象、赛事消费时间、赛事消费地点、赛事消费数量等因素采用差别定价策略。例如，武汉第七届世界军人运动会主要采用较为亲民的定价策略，分9档，最低票价10元，最高票价200元，80元以下的门票占可销售座席的90%，平均票价为50元。

（三）渠道（place）

营销渠道是指产品或服务转移所经过的路径，由参与产品或服务转移活动以使产品或服务便于使用或消费的所有组织构成。体育赛事营销渠道由赛事组织者、推广商、赞助商和媒体组成。通过营销渠道将体育赛事产品提供给消费者。

（四）促销（promotion）

促销是营销者向消费者传递有关本企业及产品的各种信息，说服或吸引消费者购买其产品，以扩大销售量的一种活动。体育赛事运营者主要通过代言、广告、人员推销、网络营销、营业推广、公共关系和新媒体等方式来进行营销，使体育赛事产品更快地进入市场。

📝 实训与思考

实训练习

请扫描二维码查看案例。
简述 PP 体育中超联名会员的营销特色。

案例：PP 体育中超联名会员，堪称2019 中超最佳营销案例

思考题

1. 简述体育赛事营销的特点和价值。

2. 简述体育赛事营销公共关系。

3. 简述体育赛事宣传方式。

4. 运用差别定价法去分析我国某一赛事的门票价格策略。

5. 运用 4P 营销组合去分析国内外某一赛事的营销策略。

第七章

体育赛事风险管理

本章导言

　　作为一种能够与社会、文化、政治、经济和自然环境等多领域产生交互影响的集众性活动，体育赛事也面临着各种各样的风险。本章讲述了体育赛事风险的定义、特征和分类，并从体育赛事的风险识别、风险评价和风险应对三个方面阐述体育赛事风险管理过程。

知识目标

了解并掌握体育赛事风险的定义、特征和分类。

能力目标

能够识别体育赛事的风险点，会运用相关工具和方法识别和评估体育赛事风险，能正确应对体育赛事风险。

素养目标

通过体育赛事风险识别、风险评估和风险应对的学习，提高安全意识，培养严谨、务实、科学、规范的工作作风。

第一节　体育赛事风险概述

界定体育赛事风险，了解体育赛事风险的特点并对其进行系统分类是科学应对体育赛事风险的前提条件。

一、体育赛事风险的概念

人们对于风险一般有两种认识，一是风险代表着不确定，表现为风险事件出现的概率；二是风险表现为预期和实际的差距，一旦事件出现会带来后果和损失。

由于体育赛事内外部环境具有不确定性和不稳定性，体育赛事受到不可控制因素的影响，人们在主观上难以预见或未曾碰到过各种风险要素之间的因果联系，使体育赛事的过程和结果与人们主观期望产生偏离，并带来损失，这就是体育赛事风险。各类体育赛事在举办过程中，参与的人员和机构多，传统媒体和各类新媒体关注度高，赞助商等各类相关机构利益交织，涉及社会各层面并具有较强影响力。一旦发生体育赛事风险事故，不仅会使体育赛事形象受损，也会让体育赛事利益相关方承受损失。例如，天气变化、突发疫情、球迷骚乱、恐怖袭击、体育器械损坏、火灾、运动员受伤、媒体负面曝光、赞助商权益以及赛事无形资产受损等都是体育赛事风险。

二、体育赛事风险的特点

（一）客观性

损失发生具有不确定性和一定必然性，体育赛事风险不以主观意志为转移，它是客观存在的。在体育赛事举办过程中，整个过程都存在着不确定性，人们可能在一定的时间和空间条件内改变风险存在和发生的条件，降低发生概率，但不可能完全消除或避免风险。

（二）突发性

体育赛事风险事件往往是偶然的、突发的，一旦风险发生的各种因素

拓展阅读：
最大的风险
就是认识不
到风险——
国际马拉松
越野跑赛事
安全分析

139

和条件同时具备，往往会立即发生相应的风险事故并造成巨大损失。从宏观上看，风险事故的发生有必然性，然而具体到某一特定体育赛事，风险事故的发生带有偶然性和突发性，这种偶然性或突发性表现在：风险事故是否发生，不确定；风险事故何时发生，不确定；风险事故将会怎样发生，不确定；在赛事哪个环节发生，不确定；带来怎样的连锁反应，不确定；损失多大，也不确定。

（三）复杂性

风险是复杂的宏观现象，是一个由各类微观事件组成的系统。体育赛事本身可以看作一个复杂的系统。赛事的组织管理需要分工，这使得决策、行动、信息、知识和资源被分散到赛事组织管理的不同部门与个体中，而每个人的认知水平不同，尤其是决策者将很难全面把握赛事各时间段和各环节的风险点。

（四）损害性

体育赛事离不开人群集聚和人的活动，大多数赛事出于商业利益需要一定的赛事关注度，短时间内的人群集聚使得一旦发生事故将会带来人员伤亡和财产损失，如 2013 年发生在美国波士顿的马拉松恐怖袭击事件。

除了对赛事本身的冲击，体育赛事风险的损害性还体现在会给赛事承办地带来负面影响，这种影响还会波及当地旅游产业以及城市形象。此外，赛事临时停办或无限期延迟也会对经济产生影响。例如，2020 东京奥运会因新冠肺炎疫情推迟，给日本带来了一系列损失。

（五）渐变性

渐变性是指自然界和人类社会活动中，引起事物或现象改变的形式不是突然、迅速或一瞬间完成的，而是表现为连续、缓慢和逐渐的。体育赛事风险虽然具有突发性和复杂性，但其有一个从量变到质变的演变过程，人们可以通过历史经验、文献资料、调查研究、专家访谈等方法对风险进行识别。

（六）可预测性

现代计量方法提供了可用于测量体育赛事风险的工具和手段，人们可以近似地描述体育赛事风险规律或推演模拟风险进程，为拟定体育赛事风险对策提供科学的依据。人们可为风险的进程设立里程碑并划分阶段，对潜在的风险因素进行评估和预测。在一定条件下，通过有效的风险管理，体育赛事的风险是能够防范和规避的，损失也能得到控制。

三、体育赛事风险的分类

对体育赛事风险进行分类可以更好地认识风险，并有助于风险应对决策。目前，对体育赛事风险的分类主要从风险的表现形式、风险管理要素、风险的受损对象和风险内外部环境四个方面展开探讨。现代体育赛事会受到内外部各类因素的综合影响，风险以及导致风险发生的因素既存在于赛事内部，也可能来源于外部的利益相关者。因此，本章按风险来源对体育赛事风险进行分类，并阐述每种风险可能带来的连锁反应和损失。

（一）外部风险

1. 恐怖袭击、自然灾害和传染病风险

体育赛事吸引人群聚集，有确定的时间、地点及日程，会成为恐怖分子的袭击对象。针对体育赛事的恐怖袭击会造成大规模伤亡，引起媒体报道，产生重大社会影响。恐怖袭击以及恐怖袭击威胁增加了体育赛事所有利益相关者的风险，包括赛事组织者、运动员、观众、志愿者和赞助商。例如，1996 年美国亚特兰大奥运会百年纪念公园内发生了炸弹爆炸造成了人员伤亡。恐怖袭击会直接造成人员伤亡、财产损失以及赛事取消，会间接削弱经济和打击民众士气，还会给赛事主办方带来后续潜在的法律纠纷风险，伤亡者及其家属有可能会向赛事组织者、赛事经营者或场馆所有者提出伤亡索赔。

地震、恶劣天气等不可抗拒的自然环境因素以及传染疾病也会导致体育赛事被中断、延误甚至取消。因为这些因素会带来市场风险、商业赞助风险以及法律索赔纠纷等风险。例如，2021 年 5 月，在甘肃省白银市举办的第四届黄河石林百公里越野赛发生了公共安全责任事件，造成了 21 名参赛选手死亡及 8 人受伤。根据事故调查报告，该责任事件的起因是比赛期间突发的降温、大风及降水，"赛事组织管理不规范""安全监管措施落实不到位""救援力量准备不到位"以及"安全保障条件不充分"等诸多赛事组织管理过程中的问题被认定为事故发生的间接原因，较低的赛事组织管

案例：白银景泰"5·22"黄河石林百公里越野赛公共安全责任事件调查报告

理水平使得主办机构难以及时采取有效措施应对突如其来的恶劣气候环境挑战。

2. 市场风险

体育赛事可看成是赛事组织方、教练员、裁判员、运动员、志愿者、赞助商和地方政府等共同打造的一项体育服务产品，一些商业性质的体育赛事通过市场营销追求经济利益最大化。体育赛事的价值体现在能够满足人们的某种需要，赛事举办过程中，赛事组织方和观众实现等价交换，赛事组织方收获利益，而观众则欣赏体育服务产品。服务产品具有时效性，体育赛事营销活动的难度在于观众在赛前难以感受到比赛现场的服务质量。此外，赛事质量以及赛事精彩程度受到观众主观评价的影响，运动员、裁判员、教练员的现场表现将决定比赛质量，赛事组织方难以有效施加影响。例如，在职业联赛中，即使是相同的运动员、裁判员和场地，不同轮次的比赛精彩程度也会有较大差异，不同举办地的观众对于赛事的认知和接受程度也有较大差异，观众的消费水平也有差距。上述因素都会提高体育赛事营销难度，影响到票务销售、观众消费体验和赛事客户忠诚度，给赛事运营带来诸多不确定因素。

3. 版权风险

《关于加快发展体育产业促进体育消费的若干意见》（国发〔2014〕第46号文件）提出，放宽赛事转播权限制，除奥运会、亚洲运动会、世界杯足球赛外的其他国内外各类体育赛事，各电视台可直接购买或转让。体育赛事转播权从行政管制走向市场配置，成为一项竞争性权益。互联网技术的迅猛发展促进了新媒体的快速发展，人们通过手机也可知晓赛事动态，获取比赛信息。新媒体的介入，使体育赛事转播侵权现象时有发生，体育赛事存在盗播风险。目前，我国相关法规政策还不够完善。2016年，英国诺丁汉法院受理了英格兰足球超级联赛网络盗播案件，主要责任人特里·奥莱利被判处有期徒刑4年，这是英国首次对利用非法互联网技术盗播英格兰足球超级联赛的案件进行审理。

4. 负面事件宣传风险

体育赛事负面事件是指持续一段时间的、不道德的并会对体育赛事形象或体育赛事品牌价值产生不利影响的事件。负面事件可能来自体育赛事组织者或体育赛事本身，也可能来自裁判员、运动员、志愿者等人员。

对于体育赛事本身而言，体育赛事丑闻会对体育赛事结果的公正性造成损害，进而降低体育赛事的品牌资产。例如，因体育赛事主体缺乏资金、技术、人员等，2016 年里约热内卢奥运会场馆硬件设施不达标导致国际舆论危机，损害了赛事价值。

运动员在比赛中的负面事件也会给体育赛事带来不良影响，包括打架、恶意伤人和服用兴奋剂等不当行为。运动员的道德失范行为会严重影响观众的观赛体验，导致观众对体育赛事的好感度下降，进而影响体育赛事的品牌形象。此外，在比赛期间，即使运动员负面事件出现在赛场外，一旦被媒体关注或密集报道，观众也会将其联系到赛事品牌本身，进而对赛事产生负面评价。

近年来，国内越来越多的城市和旅游风景区开始承办马拉松、自行车等体育赛事，这些赛事提高了举办地的知名度，增加了旅游客流量，促进了当地经济发展。但是，目前一些社交媒体上也出现了针对上述赛事的负面评价，如"扰乱交通秩序""破坏自然生态环境""制造垃圾"，一些自媒体的宣传报道可能会进一步增加这些负面评价的不可控性。体育赛事运营管理方切不可忽视这些质疑，应保持警惕并做好预案加以应对。

5. 商业赞助风险

商业赞助给体育赛事提供资金支持，同时也带来了一定风险。综合目前国内商业赞助活动现状，商业赞助风险主要体现在赞助商违约或退出、运动员个人道德不确定性以及隐形营销三个方面。

赞助商违约或退出将会给赛事带来较大的资金压力，赛事运营管理方难以按计划组织赛事。对于赛事运营管理方和赞助企业，商业赞助风险是交互存在的，企业赞助体育赛事也承担较高的风险，体育赛事所面临市场风险及其他风险使得赛事价值具有不确定性，并可能导致赞助商基于商业利益考虑产生违约行为。

一些知名运动员在知情或不知情的情况下，违反运动员赞助排他性原则，同时为互为竞争对手的企业代言。此类事件也会给赛事官方赞助企业带来利益损失，进而影响赛事形象。

隐形营销是指企业为了实现从某特定事件中获利，未经授权，自行制造本企业与该事件的联系。隐形营销是企业有意识地想让社会大众误认为它是赞助商。体育赛事赞助中的隐形营销也叫伏击营销，实施隐形营销的企业通常使用的方式有如下两类：一是通过报道赛事的媒体进行伏击营销。例如，1984 年，富士胶卷获得了洛杉矶奥林匹克运动会赞助权，美国本土品牌柯达胶卷难以忍受国外竞争对手在自己本土举办奥运会期间获取全社会广泛的关注度，柯达胶卷选择成为美国广播公司 ABC 奥运赛事转播节目的主赞助商，以应对富士胶卷的赞助活动挑战。二是关联式嫁接赛事。例如，非官方赞助商把他们的品牌商标放在消费者可以看到或者电视摄像机能够捕捉到的赛事场馆周围，或在场馆周围放置伏击广告牌，或使用热气球在赛事上空盘旋。一些企业还在广告中使用"贺电"的形式祝贺运动员取得好成绩，以此制造自己是赛事官方赞助商的假象。隐性营销行为有损官方赞助商的排他性特权及商业利益，打击企业赞助体育赛事的积极性，也给赛事形象和品牌价值带来不利影响。

（二）内部风险

1. 人身伤亡风险

人身伤亡风险是指比赛时运动员、裁判员、观众及其他人员因竞技运动或意外事件而遭受身体损伤的风险。例如，足球、篮球等直接对抗类运动项目中运动员身体受伤；赛车、登山、蹦极等运动中的意外事故甚至会造成运动员死亡，比赛现场的拥挤事件也可能会对观众带来意外伤害；体育赛事中发生运动性猝死事件。在事前防范上，组委会会要求参赛者在赛前上传健康报告，但也会存在隐瞒申报自身不适宜参赛的疾病，或篡改健康报告以获得参赛资格的情况。一些参赛者在成功报名马拉松赛后，在比赛前临时把名额转让给未经过体检审查的运动员。这些行为都会增加体育赛事中人身伤亡风险。

2. 不良情绪风险

现代竞技运动竞争激烈，运动员、裁判员、观众互相之间都可能产生冲突，冲突可能来源于对规则和判罚的争论，也可能来自对比赛过程中公平性的质疑，这些冲突可能导致越轨的行为、言语攻击、打架斗殴甚至群体事件。赛场内发生的冲突及对立与个体不良情绪有关。中国职业篮球联赛一项统计显示，获胜方球迷 91% 的人感到快乐，50% 的人感觉像了却重要心事那样的愉快，78% 的人为此感到骄傲；在失败方球迷中，89% 的人感到失望，66% 的人感到沮丧，38% 的人感到难受，就像自己被打败一样。不管胜利方的兴奋还是失败方的失望，都易导致观众间的对立情绪。而不良情绪会随着比赛的进行而不断累积，一旦在某个临界点失衡，很容易导致各方做出不理智行为。此外，个体行为也具有感染性，运动员或观众对于不良情绪的宣泄容易在赛场内外、赛中和赛后得到共鸣。人们观看体育赛事行为本身就具有一定宣泄情绪和缓解压力的需求，个体不理智行为会引来群体认同，从而引发群体性的不当行为。

例如，在 2006 年德国世界杯后期，法国队进军决赛后法国球迷在巴黎展开了疯狂的庆祝，期间有 190 人滋事被捕，有两名球迷丧生，有一名球迷在地铁站被杀，骚乱导致 45 名警察在执行任务中受伤。

由于不良情绪的爆发往往带有突然性，因此赛事管理者应主动积极地感知及管控赛事参与者的情绪，做好预案措施，以避免措手不及。一旦比赛中不良情绪导致的群体事件由媒体报道或炒作，将给体育赛事带来更大的负面影响。

3. 财务风险

体育赛事的财务活动涉及资金筹集、资金回收和收益分配，虽然财务风险贯穿资金流动和价值产出的每一环节，但一般来说，体育赛事财务风险主要集中在资金的筹集和回收阶段上。

举办体育赛事，资金筹集是获取利益及盈利的唯一渠道。体育赛事资金筹集的主要来源是门票销售、企业赞助、特许经营权授予、电视转播权销售以及线上媒体转播权销售等。因此，赞助企业、代理经纪商、各类媒体转播机构等在履行合约以及付款上的不确定性将会带来财务风险，上述不确定性包括能否按合约准时付款以及拒绝付款。例如，一些体育赛事的流动资金主要来源于企业的广告赞助，而多数企业会选择在赛前、赛中和赛后分期付款，有的赞助企业会以赞助权益未得到有效保障以及没有达到赞助目标等为由拒绝支付部分款项。因此，资金结算方式、赞助企业的信用评级和偿债能力等都会导致应收账款的回收时间及金额出现不确定。体育赛事运营管理方应把握好应收账款持有的最佳额度，以最低成本获取体育赛事的资金保障。与此同时，也不能完全回避财务风险，应认识到财务风险背后的收益机会，保障赛事各方收益。

4. 其他风险

除上述几类风险，体育赛事内部风险还有场地器材风险和赛事组织风险。

与场地器材有关的风险主要表现为两个方面：一是场地器材自身安全风险；二是场地器材导致他人受伤害的风险。由于设计不合理及操作使用不当等原因，场地器材会给他人造成危险。例如，通道设计过于狭窄可能会致使观众在进出场馆时因拥挤而发生踩踏事故，场地内未配备足量的灭火器等安全保障设施可能会造成应急救援不力。

赛事组织风险是指在竞赛日程编排、赛事指挥决策和后勤保障等过程中可能出现的信息搜集不够、节点时机选择不准、保障不力、预案执行不充分等方面的失误，可能导致赛事混乱、服务瘫痪或放大助长其他内外部风险因素。

第二节　体育赛事风险管理

赛事风险会对体育赛事产生负面影响，使体育赛事形象受损，还可能带来经济损失。因此，有必要引入风险管理，在赛前和赛中进行充分的风险识别、风险评估和风险处置，控制、防范和干预比赛过程中的不确定因素，以避免、减少和减轻各类不必要的损失。

一、体育赛事风险管理的定义

拓展阅读：《关于进一步加强体育赛事活动安全监管服务的意见》

风险管理是指通过对风险的识别、衡量和控制以最小的成本使风险所造成的损失达到最低程度的管理方法。风险管理是社会生产力达到一定水平后的产物，产生于 20 世纪 30 年代的美国。在此之前，主要是通过保险来处理风险，对风险的判断和评估主要建立在直觉和经验上。从 20 世纪 60 年代开始，学界和企业界逐渐形成了完整的风险管理理论体系。目前，风险管理已成为管理科学中的一门独立学科。

体育赛事风险管理诞生于 20 世纪 70 年代初的美国，近年来逐渐受到国内学者的关注，涌现出较多应用研究成果。体育赛事风险管理概念的内涵包括两个方面：一是准确识别体育赛事可能存在的风险并作出科学的评估；二是制定恰当的应对措施以最大限度控制这些风险的发生或使风险的不利影响降到最低程度。

拓展阅读：《体育总局关于建立健全体育赛事活动"熔断"机制的通知》

近年来，我国各类体育赛事活动蓬勃发展，为推动全民健身、竞技体育、体育产业发展发挥了重要作用。但体育赛事尤其是大型体育赛事活动涉及面广、参与人数多、外部影响因素复杂、社会关注度高，如对安全问题疏于监管，极易引发安全事故。为促进体育赛事的风险管理，我国出台了一系列标准、政策文件，如《体育赛事活动管理办法》《关于进一步加强体育赛事活动安全监管服务的意见》《体育总局关于进一步加强户外运动项目赛事活动监督管理的通知》《体育总局关于建立健全体育赛事活动"熔断"机制的通知》等，对各类体育赛事活动的组织、保障、参赛等进行全程监管，确保体育赛事活动平稳安全有序开展。其中，《体育赛事活动管理办法》明确指出，承办方应当根据体育赛事活动组织方案做好体育赛事活动各项保障工作，确保体育赛事活动的安全；召开赛事活动风险研判分析会议，制定风险防范及应急处置预案和安全工作方案等保障措施，并督促落实。主办方直接承担体育赛事活动筹备和组织工作的，履行承办方责任。

二、体育赛事风险管理的目标

风险管理是体育赛事管理活动全流程的一个重要环节。因此，体育赛事风险管理的目标应与赛事管理目标尽可能保持一致。明确体育赛事风险管理的目标，有助于制定相关应对措施及效果评估。根据现代风险管理理论，可将体育赛事风险管理的目标分解为以下 8 个方面：

1. 提高赛事安全系数

赛事管理者应将风险控制在可承受的范围内。风险的存在及可能造成的严重后果，除了引起人员财产物资上的损失，还会给人们带来忧虑和恐惧。风险管理者必须使运动员、裁判、观众等意识到风险的存在，不能隐瞒风险，帮助人们提高安全意识并主动配合风险管理措施，尽量减少人们心理上的恐惧和忧虑，消除后顾之忧，使人产生安全感，形成安定可靠的办赛环境。

2. 保证赛事正常运转

体育赛事各类风险具有突发性，自然灾害、人员伤亡一旦发生会导致短时间内的人群恐慌，交通以及赛事组织计划会立刻出现混乱，很有可能会导致赛事停止或临时取消，这将会进一步触发电视转播中断和赞助商权益受损等一系列不良事件的发生。因此，赛事管理者在制订风险管理计划和相关预案时，应确保一旦有突发事件发生能够在短时间内作出科学准确的判断，资源能够得到有序调配，人们的恐慌情绪能够得到有效安抚，在排除重大安全隐患后赛事能够得以正常进行。

3. 确保人身安全

在体育赛事风险管理中，确保人的生命安全最为关键。体育赛事中的人身伤亡事故很容易导致赛事品牌形象受到不利影响。因此，赛事管理者在制定各类风险应对措施时应汲取以往赛事的经验，要统筹安排伤病急救、人群疏散、交通秩序维护和后备医疗保障，在资源调配的次序上应把拯救生命放在第一位考虑，不可抱有侥幸心理。

4. 保障赞助商利益

在体育赞助中，赞助商、赛事管理者和中介机构利益关联错综复杂，具有稳定支付能力和赞助意愿的企业将是体育赛事良好的合作伙伴。赛事管理者应慎重选择赞助商，确保双方建立优质赞助关系。在赛事举办过程中，应从参赛运动员行为规范、媒体转播和户外广告等方面确保赞助商的权益不受侵犯。

5. 维护良好的赛事品牌形象

体育赛事中的负面事件可能来源于比赛中的所有环节及全体参与者，媒体高度关注的另一面即是负面事件被放大宣传甚至炒作的高风险。因此，体育赛事中全体参与人员的行为应受到一定的约束。与此同时，不应忽视举办比赛带来的社会成本，包括交通资源的占用、生活垃圾和噪声的产生等。

6. 履行社会职责

风险事件的发生不仅会使体育赛事深受其害，还会影响到赛事主办城市、省份乃至国家的形象和利益。越是具有影响力的赛事，越应担负起维护国家和地区形象等社会职责的使命。风险事故一旦发生，应第一时间有效降低因损失带给社会的不利影响，赛事管理者也可借此契机树立良好的社会形象，进一步提升赛事品牌价值。

7. 风险管控的费用经济合理

赛事管理者应比较各种风险工具、保险险种及技术手段的成本，进行全面分析，谋求最经济合理的综合处置方式，以保证风险发生概率和损失降低到最低程度，并确保风险管控成本和风险保障程度达到一定平衡。例如，2008 年北京奥运会选择放弃购买昂贵的赛事取消险，这是一种基于我国较为安全的政治环境和经济环境作出的理性决策。

三、体育赛事风险管理的流程

体育赛事风险管理具体的实施步骤可分为风险识别、风险评估和风险应对三个阶段（图 7-1）。

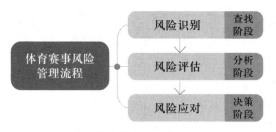

图 7-1 体育赛事风险管理流程图

（一）体育赛事风险识别

体育赛事风险识别是赛事风险管理的基础，只有正确识别出所面临的风险，才能够选择有效的方法进行处理。体育赛事所面临的内外部环境较为复杂，风险识别就是赛事管理人员就赛事可能发生的风险进行感知和判断的过程。赛事风险识别需要从错综复杂的环境中全面、深刻地找出所面临的主要风险，可通过认知和历史经验来主观判断，也可根据各种资料和记录来客观分析。体育赛事风险识别的方法主要有经验识别法、流程识别法和分解识别法。

1. 经验识别法

以往赛事举办过程中所积累的资料档案有助于风险识别，赛事管理者应查询和了解以往赛事的历史档案资料，从中汲取经验和教训。

风险识别经验的另外一个来源是体育赛事管理专家。在复杂的环境下识别潜在风险，工具和模型的作用有局限性，专家个人的经验、直觉或感觉有时候能直接切入重点，为赛事管理者识别主要潜在风险指明方向。同时，可以将不同类别、不同风格的风险管理专家和赛事管理者召集在一起，就赛事风险识别召开会议，大家畅所欲言、交换意见、相互启发、集思广益，产生共识，可将体育赛事潜在危险因素辨识得更加细致、完整。召集专家征求意见的方法也被称作德尔菲法或头脑风暴法。

德尔菲法常被用作大型体育赛事赞助风险的识别。体育赛事赞助活动风险涉及面广，不确定性因素有些与赞助方利益有关，另一些与体育赛事本身有关。在体育赛事的不同阶段，赞助风险的类型也不相同。可在赛事申办阶段聘请不同领域的专家团队，并搜集整理以往比赛的档案资料，综合研判后对赛事的赞助风险进行分析和识别。一般通过两个步骤实施：第一，设计原始问卷。由于赞助风险有共性和规律可循，通过查阅资料可了解赛事赞助中最易发生的风险类型，并形成本次赞助风险识别的原始问卷。第二，成立专家小组，进行两轮德尔菲调查。第一轮主要调查赞助风险构成，请专家在以往赛事赞助风险的基础上将其认为不必要的指标删除，并补充新指标。第二轮则是在第一轮的基础上，对各个指标的重要性进行定量分级评价，每个指标有很重要（5分）、较重要（4分）、一般（3分）、较不重要（2分）和不重要（1分）五个级别。表7-1为某项体育赛事在申办阶段的赞助风险识别表。

▶ 表 7-1　某项体育赛事申办阶段赞助风险识别表

风险类型	风险因素	重要性评分
财务风险	赞助商退出	4.7
	赞助商违约	4.6
负面形象风险	赞助商形象恶化	4.6
人员风险	人员缺乏技能	4.2
	人员道德不确定性	4.0

2. 流程识别法

赛事风险流程图是指赛事管理者根据竞赛流程或时间轴，对赛事期间每一环节或每一阶段可能存在的风险源逐一进行排查，预先发现各种可能出现的危险因素。例如，近年来各城市相继举办了马拉松赛事，比赛中的伤病和猝死事件也开始受到关注。为有效识别赛事中的伤病风险，增强预判和反应能力，上海国际马拉松赛制定了伤病风险流程识别，见表7-2。

▶ 表 7-2　2016 年上海马拉松赛风险识别流程

马拉松沿途	风险点
起点：黄浦区外滩金牛广场	早晚有温差，清晨，人容易兴奋，高龄参赛者容易发生心血管疾病；近4万人聚集在起点1 km长的跑道同时起跑，可能发生损伤乃至踩踏事件，导致人员严重伤害
3 km处（黄浦区九江路南京路交口）7~10 km（静安区黄浦区交界）	3 km是2015年第一例受伤发生地，原因是扭伤；7~10 km是往年第一个就诊小高峰，这个阶段的伤病多发生于参加5 km、10 km项目的跑者，他们大多未经过系统科学的训练，缺乏丰富的长跑知识和经验，心态以娱乐为主，起跑兴奋过后身心疲惫容易出现踝关节扭伤、肌肉拉伤

续表

马拉松沿途	风险点
12～25 km（黄埔、徐汇区滨江区域）	路况复杂，沿江赛道较窄，周围全封闭，医疗救护难以第一时间介入；2014 年在 16 km 处（龙华中路日晖东路交口）、2015 年在 18 km 处（龙华中路靠近苑平南路），连续两年发生参赛者心脏骤停事件，两人都是参加半程马拉松，最后都抢救成功。参加半程马拉松的选手在此阶段处于身体极限，又进入冲刺阶段
25～35 km（比赛开始 3 h 后）	往年就诊高峰，全程选手开始进入疲劳期；在 18～32 km 龙腾大桥上下桥段，有一定坡度，密切注意参赛人员的心肺功能
最后 4 km 冲刺阶段	历年危险事件发生概率高，终点冲刺前区域不易出入
到达终点后（上海体育场）	历年易发生长跑冲刺后的重力性休克

流程识别还可以对照风险清单识别风险。风险清单是已设计好的标准表格，全面列出一个完整体育赛事可能面临的潜在风险、应对措施和负责人。

3. 分解识别法

分解识别法指的是将体育赛事按照特定标准分解为若干小单元，将复杂的赛事系统分解成简单的易于认识的事物，以更好地识别风险，从而明确各小单元在办赛过程中需要做好哪些具体工作。将赛事分解后，还需要从整体上把握赛事，明确赛事各个组成部分的性质以及相互之间的关系。分解识别法有利于赛事管理者更加宏观和清晰地洞察赛事风险。

事故树是一种可以用来分解体育赛事中潜在的不确定因素，以系统识别风险的工具。事故树从结果分析原因，简单明了，直观形象，既可以系统探寻体育赛事各种风险产生的原因，也有助于针对风险采取积极、有效的对策。例如，可利用事故树对马拉松赛事中的猝死事件进行分解识别，见图 7-2。

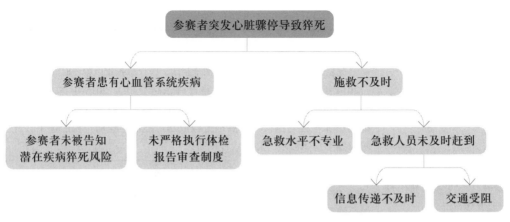

图 7-2 马拉松赛事参赛者猝死事故树

在赛事风险识别中，应采用两种或多种风险识别方法，才能取得较好的效果。

（二）体育赛事风险评估

识别体育赛事风险后，应对风险进行评估，为接下来的应对决策提供依据。风险评估是指在过去资料和经验的基础上，运用主观判断或数理统计工具，对赛事整体风险事故及赛事单项风险事故的发生概率和损失的严重程度做出定量分析。根据体育赛事的特点，将风险评估分为整体评估和单项评估两类分别进行阐述，其中单项评价以马拉松赛运动员猝死风险评估和赛事筹资风险评估为例。

1. 赛事风险整体评估

体育赛事风险评估是指对体育赛事进行风险识别后，确定各种风险的发生概率和损失程度。评估风险的指标有两个：发生概率与损失程度。发生概率是指风险事件发生的可能性，损失程度是指风险事件一旦发生带来损失的程度。可将发生概率和损失程度两个指标绘制在一张坐标图上，就可以对各种体育赛事风险进行综合评估，见图 7-3。

根据图 7-3，发生概率和损失程度均较大的风险，应视为高风险事件，如球迷骚乱、运动员猝死；发生概率较低但损失程度较大的风险，应视为中风险事件，如恐怖袭击、自然灾害及赞助商退出；发生概率高但结果轻微的风险，应视为中风险事件，如人员受伤、赞助商违约以及伏击营销；发生概率和损失程度都较低的风险，应视为低风险事件。

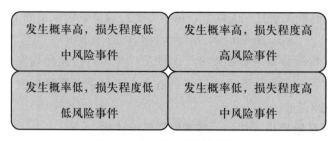

图 7-3 体育赛事风险评估图

2. 赛事风险单项评估——运动员猝死风险评估

本处主要针对在城市马拉松赛中运动员猝死事件的风险进行评估。一般采用模糊综合评价法，从该风险形成的原因以及可能导致的损害两个角度出发进行风险评估。

（1）运动猝死成因风险评估

$U = \{U_1$（运动员个人健康风险），U_2（医疗救治风险），U_3（内部管理混乱风险）$\}$

$U_1 = \{$个人有意隐瞒病史，个人对潜在疾病未足够重视，个人对潜在疾病一无所知$\}$

$U_2 = \{$未识别出猝死前的信号，介入不及时，施救水平不够或方法不当$\}$

$U_3 = \{$体检审查不严格，检录不严格有替赛者，猝死警示力度不够等$\}$

结合国内现有马拉松比赛猝死事件的分析报告，依据专家经验，使用和积法分配各指标权重，最终确定权重如下：

$$A = (a_1, a_2, a_3) = (0.65, 0.05, 0.30)$$
$$A_1 = (a_{11}, a_{12}, a_{13}) = (0.20, 0.40, 0.05)$$
$$A_2 = (a_{21}, a_{22}) = (0.04, 0.01)$$
$$A_3 = (a_{31}, a_{32}, a_{33}, a_{34}, a_{35}) = (0.10, 0.10, 0.08, 0.01, 0.01)$$

根据上述权重分布在导致运动猝死事件的潜在风险中，个人健康风险的影响最大。根据现有经验，医疗救治风险较低，但内部管理混乱也会带来较大的不确定性。

（2）运动员猝死损害风险评估

按上述方法和步骤，对运动员猝死发生后带来的损害进行风险评估，可将损害分为三个部分，包括法律纠纷风险、经济利益受损风险和品牌形象受损风险，对应的三个子集如下：

$V = \{V_1$（法律纠纷风险），V_2（经济利益受损风险），V_3（品牌形象受损风险）$\}$

根据现有猝死事件相关信息，结合专家经验，确定权重如下：

$$B = (b_1, b_2, b_3) = (0.65, 0.25, 0.10)$$

从上述权重分布可直观发现，运动员猝死事件带来的损害风险中，法律纠纷风险最为常见，赛事的经济利益也会不可避免受到损害，赛事品牌形象受损风险最小。

3. 赛事风险单项评估——赛事筹资风险评估

针对赛事某一阶段或某一特定风险，也可以从不同角度进行定量评估。体育赛事管理活动错综复杂、千头万绪，许多风险因素牵一发而动全局且互为因果。在体育赛事风险评估中绝不可将外部风险和内部风险分开，应将二者结合起来系统地进行分析与评估。例如，体育赛事赞助商具有外部不可控风险因素，赞助商一旦发生退出或违约，将会给体育赛事的资金筹措带来一定压力，进而造成赛事财务系统的风险。因此，有必要针对赞助阶段的不确定性以及可能带来的内部财务风险进行评估，即分别就外部风险中的赞助商风险和内部风险中的财务风险进行评估。

（1）赞助商风险评估

体育赞助中存在赞助商退出和赞助商违约风险，违约主要是指合同不能履行或履行合同不符合约定。上述风险会妨碍赞助活动的开展，损害到赛事管理方的利益，体育赛事难以按原计划组织甚至会暂停。

赛事管理方须慎重选择赞助商。市场经济环境风云变化，企业在经营过程中面临激烈的市场竞争，始终存在经营风险，未来收益的预期经常会发生变化，财务支出上的不确定会影响对于体育赞助活动的支付能力，带来赞助风险。为了尽量减少上述风险带给体育赞助的不确定性，赛事管理方可以从企业的品牌、财务状况两个方面对赞助商进行风险评估，从而有效地分析赞助商面临的风险状况，做好预案，以提早防范和应对。

① 对企业品牌进行评估。

选择赞助商首先应考虑其在行业中的地位，赞助商是否具有良好的社会形象和过硬的企业信誉；其次应衡量赞助商的品牌核心价值，应从其发展历史与未来发展方向等角度考察企业品牌是否与赛事品牌相吻合，是否具有赞助体育赛事的实力和潜力；最后应从赛事营销的角度考察企业产品消费群体是否与观看体育赛事群体相吻合，以求得赞助双方的互利共赢，达到最佳合作效果。截至 2020 年 7 月，2022 年北京冬奥组委已成功签约 30 家赞助企业，包括 10 家官方合作伙伴，即中国银行、国航、伊利、安踏、中国联通、首钢、中国石油、中国石化、国家电网和中国人保；8家官方赞助商，即青岛啤酒、燕京啤酒、金龙鱼、顺鑫、文投控股、北奥集团、恒源祥和奇安信；6家官方独家供应商，即英孚教育、科大讯飞、中国邮政、华扬联众、士力架和空港宏远；6家官方供应商，即普华永道、随锐集团、金山办公、一石科技、歌华有线和河北广电。上述官方合作伙伴和官方赞助商均为所在行业中的领头羊企业，具有较强的社会和行业影响力；而官方独家供应商主要来自互联网等服务业的新兴力量品牌组成，这些企业的目标市场多聚焦于年轻人群体，年轻人群体一般具有从事冰雪运动消费的热情和潜力。

② 对企业财务状况进行评估。

赛事管理方应对赞助商的财务状况进行评估。由于赞助体育赛事需要现金投入，应对赞助商的经济承受能力进行全方位的评估。如果赞助费用高于赞助企业的经济承受能力，那么赞助活动将给赞助商造成财政困难，也将给体育赛事举办带来潜在资金风险。

在一些商业性体育比赛的招商活动中，具有赞助意向的企业不一定都具有较高的品牌知名度，赛事管理方在对赞助商企业的品牌价值进行评估的基础上，还应审查其财务状况，可关注具有赞助意向企业近三年的财务报表，并根据报表数据作出科学评估。常用的企业财务状况评估方法有单指标评估和多变量综合评估两类，指标类型、计算公式和评估标准见表7-3。

▶ 表7-3 体育赛事赞助商财务风险评估方法

指标类型	计算公式	评估标准
单指标评估	债务保障率＝现金流量÷债务总额	＞30%
	资产负债率＝负债总额÷资产总额	＜45%
	资产收益率＝净收益÷资产总额	＞15%
	资产安全率＝资产变现率－资产负债率	＞30%
多指标综合评估	Z模型： $Z = 0.012x_1 + 0.014x_2 + 0.033x_3 + 0.006x_4 + 0.010x_5$ x_1＝营运资本÷资产总额 x_2＝留存收益÷资产总额 x_3＝税前利润÷资产总额 x_4＝所有者权益市价÷负债总额 x_5＝总销售额÷资产总额	$Z \geqslant 3.0$：财务失败可能性很小（财务安全组） $1.8 < Z < 3.0$：财务可能失败（灰色区间） $Z \leqslant 1.8$：财务失败可能性非常大（财务失败组）

（2）赛事筹资风险评估

在对赞助商进行风险评估的基础上，可对赛事的资金筹集风险进行定量分析，包括各种潜在的风险可能造成的损失和发生概率。常见的风险度量方法是马科维兹的均值方差理论，这种方法假设资产收益率是变量且概率分布已知，用资产收益率的标准离差率来评估风险的大小，这种方法也叫概率分布法。概率分布法的操作步骤如下：

① 计算期望值。

根据风险可能的损失大小和损失的发生概率，计算出筹资风险的损失期望值。

$$期望值\ \mu = \sum_{i=1}^{n} x_i \cdot p_i$$

（x_i 是损失金额，p_i 是损失的发生概率）

公式中的损失金额和发生概率可通过查阅历史资料或召开专家会议来确定，也可用理论概率分布来确定发生概率。

② 计算标准离差。

标准离差是指可能的损失值对期望损失值的偏离程度，偏离程度越大说明风险越大，反之则风险越小。

$$标准离差\ \delta = \sqrt{\sum_{i=1}^{n} (x_i - \mu)^2 \cdot p_i}$$

（x_i 是损失或收益金额，p_i 是损失或收益的发生概率）

③ 计算标准离差率。

如果有多个赛事资金筹集方案，可用标准离差率对不同方案的风险程度进行比较。标准离差率是标准离差与期望值的相对数，标准离差率越高，表示风险程度越大，反之则风险越小。

（三）体育赛事风险应对

体育赛事风险应对就是对风险事件进行处置。通过对赛事风险事件的识别、评估，综合考虑赛事风险的发生概率、损失程度，决定采取什么应对措施以及采取到什么程度。体育赛事风险应对主要有 5 种方法，即风险回避、风险转移、风险控制、风险自留和风险应急。体育赛事管理者应按风险等级的高低依次选择上述 5 种方法实施，具体可见图 7-2 体育赛事风险应对决策树。

1. 赛事风险应对方法

（1）风险回避

当赛事风险潜在损害发生的概率极高，后果也很严重，但又无其他策略来减轻，应主动放弃赛事，从而回避风险。风险回避是彻底的控制风险技术，能在风险事故发生之前将体育赛事风险因素完全消除。风险回避有两种情况：第一种是在赛前，因风险较大，取消申办或拒绝承办赛事；第二种是比赛已经开始，由于遇到突发状况，比如恐怖袭击或自然灾害的高风险预警，担心会遭遇不可承受的损失，从而停止办赛以规避风险。回避风险是一种消极的手段，取消或中止赛事意味着放弃与之相应的利益，办赛者应权衡利弊得失。

（2）风险转移

当高风险事件可以承受时，或是发生概率不高或预警等级下调时，抑或是办赛的潜在收益具有较大的吸引力时，赛事管理者应考虑风险转移法。风险转移法是指赛事管理者为了避免独立承担风险损失，有意识地将风险通过购买保险、签订合同、寻求经济担保等方式转嫁给其他组织或个人。风险转移法并不能主动降低风险发生的概率，而是借用合同或协议将可能发生的事故损失的一部分转移给第三方。风险转移法适合处理损害程度高但发生概率较小的风险，常用的方法有保险规避风险和非保险转移。

例如，在体育赛事赞助风险管理中，对于赞助商退出风险和赞助商违约风险，利用保险转嫁风险是常见的防范措施。可通过向保险公司投保的方式，将风险部分转移到保险公司，当合作伙伴退出或违约等意外发生时，可以利用保险来补充资金及弥补损失。

此外，在体育赞助风险管控中，非保险转移也是风险转移方法。赛事管理方可与赞助商企业签订免除责任协议、特殊约定或合同担保来进行风险转移。免责协议是指约定的意外发生时，赛事管理方部分或全部免除承担的责任；特殊约定是指赞助双方就风险发生的特殊情况进行事前的约定，当意外发生时，由双方或其中一方承担相应的责任；合同担保是指邀请第三方来对合同的履行进行担保，当意外发生时，由第三方对损失进行赔偿。

（3）风险控制

风险控制是一种主动应对方法，也常被称作风险抑制、风险降低或风险预防。体育赛事风险控制是指当赛事潜在损失程度还不足以高到须放弃赛事时，或赛事管理者不愿意或无法将其转移时，赛事管理者采取应对措施和应急预案使风险不发生，或采用技术手段减少损失发生的机会，降低损失的程度。它适用于能降低风险程度但无法消除、又无法进行转移的风险。常见的风险控制手段有加强安全保卫、提高工作人员风险意识、提高设备检修力度和加强监控等措施。例如，杭州国际马拉松赛会要求参赛者提供一年内的体检报告，该举措有效降低了业余跑者意外猝死的发生概率。

在一些关注度较高的体育赛事中，个别球迷借助比赛寻衅滋事，发泄自身对社会的不满并屡教不改，给体育赛事带来严重的破坏，"黑名单"制度以及使用黑名单的警告将可有效降低此类事件的发生概率，起到一定风险控制的作用。例如，在俄罗斯世界杯期间，俄罗斯采取了最高级别的安保措施，军队为本届世界杯总共提供大约 21 500 名安保人员，另有 10 多家安保公司为整个赛事选派了约 17 000 名监控及调度人员，俄方在本届世界杯期间设置了"黑名单"制度，被"拉黑"的球迷根据危险等级不能入境或不能购买比赛门票观看比赛。

（4）风险自留

当风险损害程度不高时，风险发生概率小或即使有可能发生但无必要转移时，赛事管理者可考虑风险自留。风险自留是指当某类小风险不可避免时，或者选择承担此类风险、正常办赛的收益大于风险发生带来的损失时，或者风险控制方法不可行时，赛事管理者主动保留风险的方法。风险保留承担法通常的操作方法是在财务上预留一部分风险基金，在风险控制上采取低成本应对策略。例如，2008 年北京奥组委相关课题组针对奥运会期间天气、自然灾害和恐怖袭击等可能导致赛事取消的风险进行整体评估后，认为取消风险极小，考虑到奥运会取消险价格昂贵，决定自留赛事取消风险。2004 年雅典奥运会，考虑到"9·11"恐怖袭击事件的影响，国际奥委会花费了 1.7 亿美元购买了赛事取消保险。

（5）风险应急

风险应急是一种被动应对方法，针对赛事中可能出现的风险制定一系列应急措施。风险应急分为两类，一类是应急预案，如赛事管理者可以制定恐怖袭击应急预案、自然灾害应急预案、人员伤害应急预案和人员疏散应急计划等。另一类是补救措施，当事故发生时，如何减少损失，并克服风险事件对赛事活动造成的影响以确保正常完赛。例如，当突发危机事件被媒体关注并广泛报道时，赛事管理者应立即召开新闻发布会进行干预，并应选择正式渠道发布及时详细的信息，统一口径，弱化公众及媒体对赛事的消极印象。

2. 赛事风险应对决策树

决策树是一种在风险管理中常被使用的分类方法，具有直观性和可操作性的优点。赛事管理者可按图 7-4 所示决策树应对体育赛事中的风险。

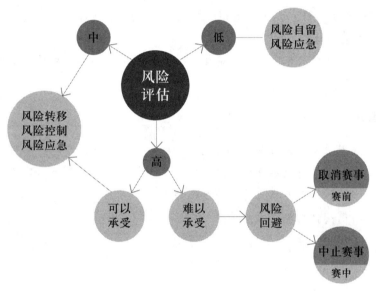

图 7-4　体育赛事风险应对决策树

实训与思考

实训练习 1

请扫描二维码查看案例。

1. 针对赛事风险，有哪些应对方式？

2. 新冠肺炎疫情暴发后，从哪些方面冲击体育赛事产业的发展？请谈谈你的看法。

案例：疫情全球蔓延对体育赛事产业的影响及应对

实训练习 2

体育赛事风险点识别

实训目标：

系统认识体育赛事各类风险，能够正确使用风险管理工具。

实训内容：

选择一项体育赛事，在梳理其赛事流程的基础上，详细列出可能存在的各类风险点，并给出相应的风险应对措施。

活动考核：

体育赛事风险管理体系完整；风险应对措施具体、可行，重点突出，有的放矢。

思考题

1. 简述体育赛事风险的特征。

2. 简述体育赛事外部风险。

3. 简述体育赛事风险管理的流程。

4. 简述体育赛事风险的应对方法。

第八章

体育赛事评估

本章导言

　　体育赛事评估是体育赛事管理中的必要环节，在体育赛事管理过程中，赛事组织主体需要考虑开展体育赛事的条件是否具备，怎样才能使体育赛事更加完善，这一项目是否达到预期目标，执行后会产生什么结果，在体育赛事运行过程中发生了什么事情，是否按照计划执行，是否比其他项目更加有效，成功的关键是什么，是什么因素导致项目失败等。不同阶段的体育赛事评估的目的和内容也不同。体育赛事评估可以从赛前、赛中、赛后进行评估，具体反映在赛事结果、经济、社会、环境影响等方面。

知识目标

1. 了解体育赛事评估的意义和分类。
2. 掌握体育赛事评估的内容。

能力目标

1. 掌握体育赛事评估的方法和流程。
2. 学会撰写体育赛事评估报告。

素养目标

通过本章学习了解体育赛事评估的理论，并学会实践，培养廉洁自律、客观公正、坚持准则的职业操守。

第一节 体育赛事评估概述

体育赛事评估是针对体育赛事这一特定的管理对象进行总结与评定的过程。体育赛事的项目周期包括项目启动、可行性研究、项目计划、项目事前评估、项目执行、项目事后评估。体育赛事评估是动态的评估，对赛事运作管理的全过程展开一系列的分析、评估与反馈，是体育赛事管理中重要的组成部分。近年来，随着我国体育赛事举办的增多，体育赛事的评估越来越受到广泛关注。《体育赛事活动管理办法》第四十二条指出，鼓励主办方在举办体育赛事活动前主动向地方体育行政部门备案。地方体育行政部门经过评估应当将其中社会效益好、影响力大的体育赛事活动列入《体育赛事活动服务指导目录》，通过政府购买服务、提供专业技术指导等方式给予支持。2021 年 10 月 8 日，国家体育总局印发《"十四五"体育发展规划》，明确指出要"建立赛事评星评级等评估制度"。

一、体育赛事评估的意义

体育赛事评估的目的是让体育赛事利益相关者了解举办此次体育赛事所带来的各方面效益状况，是一种结果评估。

（一）提供可行性分析

对举办体育赛事进行可行性分析，明确赛事可能的成本和赛事的效果，是赛事组织在选择赛事、确定可行性以及规划比赛等方面的前提。

此外，体育赛事评估为赞助赛事提供了选择的依据，通过对赛事的评估，赞助商对于赛事有更深入的了解。一份有分量的体育赛事评估报告，有利于赛事和赞助商双方达成一致的意见，也为赞助商组织更为有效的营销活动提供支持。

（二）提供决策参考

赛事实施期间评估是为了确保赛事能够按既定的轨道前进，找出体育赛事举办过程中所存在的问题，使赛事管理者能够及时反应并对赛事计划进行调整。

体育赛事的评估工作能给体育赛事组织者专业的指导，使体育赛事的组织者和经营者了解和掌握体育赛事各个方面工作效果，体育赛事评估可以为赛事组织者和经营者提供一个有效的评测方法，为更好地组织和运营比赛提供依据。

（三）评判赛事有效性

体育赛事评估提供具体的数据，能够衡量体育赛事管理的综合效益，评判体育赛事所产生的结果及有效性，有利于体育赛事的价值创造。向利益相关者提供反馈信息，使利益相关者明确认识到体育赛事的价值所在，直观体现体育赛事对举办城市经济、环境、社会等方面的积极作用。

（四）提高赛事管理水平

体育赛事评估分析举办体育赛事成功或失败的原因，总结优势与不足，为今后的赛事运营管理提供理论与实践经验，促进赛事管理水平的发展与提高。

（五）资料留存

体育赛事评估是重要的史实资料，对于体育比赛的评估，能为将来的体育赛事提供范例，有利于赛事的不断改进创新。

二、体育赛事评估的分类

体育赛事评估是赛事管理过程中的一环。由于体育赛事的关联主体和涉及部门多，体育赛事项目所表现出的复杂性使得评估过程变得较为复杂。因此，可以根据不同的分类方法对体育赛事评估进行分类。

（一）按体育赛事类型分类

1. 竞技体育赛事评估

竞技体育是指在全面发展身体，最大限度挖掘和发挥人体（个人或群体）在体力、心理、智力等方面潜力的基础上，以攀登运动技术高峰和创造优异运动成绩为主要目的的运动活动。竞技体育是一种制度化、体系化的竞争性体育活动。

竞技体育赛事评估主要包括竞技体育的社会效益、经济效益、运动成绩、全民健身活动的普及、竞技体育产业发展、健身教育、科研产品开发以及运行过程中的产业化水平、管理机制、法规制度建设等。

2. 社会体育赛事评估

社会体育赛事是社会全体成员共同参与的，以健身娱乐为主要目的，在一定竞赛规则制约下组织的对举办地产生影响的群体性体育活动，如全国农运会、体育节、省全民健身月、龙舟赛。

拓展阅读：2020"全民健身 活力中国"系列赛事活动绩效评估办法

社会体育赛事评估可以从活动规模、地域范围、赛事项目、社会公平、资源开发利用、利益相关者的影响等方面进行。

3. 学校体育赛事评估

学校体育赛事是以学校为主体，为吸引和鼓励师生参加体育锻炼，推动体育运动开展的体育赛事。

学校体育赛事主要从赛事规模、资源保障、赛事资源供给、校园体育文化建设、赛事营销水平等方面进行评估。

（二）按赛事管理活动过程分类

1. 赛前评估（可行性研究）

赛前评估是指为了作出是否举办某赛事的正确决策，运用特定的指标和方法，在体育赛事项目决策前对其进行价值判断的一种认识活动。简单地说，赛前评估就是通过比较分析体育赛事项目在某地区举办的可行性和必要性，最终对该地区是否举办这一体育赛事项目作出全面判断的过程。

赛前评估包括给举办地带来的社会影响（对赛事相关产业的拉动、提升城市知名度和城市形象、居民的自豪感、提高居民生活质量、影响举办地居民的正常生活）、经济影响（对宏观经济指标的积极影响、赛事管理获得会计收益、赛事管理的经济风险）、环境影响（安全隐患、环境污染与破坏和资源消耗）等方面。

2. 赛中评估

赛中评估是在体育赛事进行过程中，对赛事进行监控，持续不断进行评估、反馈，以保证赛事活动按计划正常运行。

在此阶段，赛事活动的方方面面都需要持续进行评估，持续监控过程中实现对最终结果的控制。根据不同的特点，需要采用定性分析和定量分析两种方法。

拓展阅读：《2020年上海市体育赛事影响力评估报告》发布上马S10领衔上海最具影响力赛事

3. 赛后评估

赛后评估是常用的评估形式，是项目结束后对整个项目的目标、执行过程、效益、作用和影响等进行系统和客观的分析总结，具有总结性特征。

赛后评估并不是赛事结束后的一项简单回顾，而是对整个赛事根据既定赛事目标进行全方位的评估。赛后评估满足了利益相关者的需求，主要包括赛事组织举办方对赛事自身的成本与收益进行评估以及赛事对举办地社会、经济、环境等方面的影响评估。

（三）按影响内容分类

1. 社会效益评估

体育赛事的社会效益评估是从社会心理、价值观、社会政治等方面评估赛事对举办地带来的影响。

社会效益评估可以分为积极和消极两方面影响。其中，居民自豪感的增强、居民生活质量的提高、提高居民休闲机会、增强居民体育健身意识、居民学习新事物新技能机会提高、居民直接参与赛事及相关活动的概率提高等方面属于积极影响；影响居民的正常生活、交通堵塞及拥挤成本、噪声污染、犯罪及破坏等属于消极影响。

2. 经济效益评估

体育赛事的经济效益评估是指举办一场赛事对举办地经济总量的影响。具体表现在投资、消费及商贸等经济活动的变化对举办地的收入、产出、就业水平等经济指标产生的直接、间接影响。

体育赛事经济效益评估指标包括资金收益率、净现值、利润率、外来游客的消费额、赛事组织在本地的支出额、对举办地 GDP 的贡献率、新增就业岗位数、政府税收收入增加量、居民收入增加额、对赛事相关产业 GDP 的贡献率、政府财政支出额等。

体育赛事的经济影响程度与赛事举办目的或赛事性质直接相关，如与体育竞技活动为主的赛事和以吸引旅游者、拉动旅游消费的体育赛事在消费人群构成、消费结构方面有所不同，对经济的影响程度也不同。此外，体育赛事的规模也影响体育赛事的经济效益，地方性的社会赛事和国际性的大型综合赛事相比，其经济影响较小。

3. 环境效益评估

体育赛事的环境效益评估是指体育赛事对自然资源的影响评估。主要表现在改善环境、环境污染与破坏、资源消耗等三个方面影响。

改善环境是体育赛事的举办提高了举办城市的环境保护意识，促进举办城市进行环境治理。比如 2008 年北京奥运会提出"绿色奥运"理念，通过降低颗粒物污染、控制机动车污染、大力种草植树促进城市环境的治理。

环境污染与破坏影响方面，主要指体育场馆等基础设施建设会破坏举办地的自然环境，城市垃圾、二氧化碳排放等环境污染的问题。

资源消耗方面是指交通工具、办公设备、场馆维护等资源消耗方面的问题。

（四）按影响性质分类

1. 正面影响评估

正面影响包括分享体验形成社区自豪感、扩大文化视野、环境意识增强、城市变化和更新、投资增加、工作机会增加、经济增长等带来的积极影响。

2. 负面影响评估

举办体育赛事对城市的负面影响包括财政压力、交通拥挤、环境污染、噪声干扰、物价上涨、社会问题等方面。

体育赛事中的特殊情况可能导致利益相关者的直接经济损失。

体育赛事的举办导致举办城市的社会额外支出增加。举办地城市在赛事举办过程中，大量的人员聚集、垃圾增多、水污染、空气污染、噪声污染等问题的预防和处理需要投入额外的费用。体育赛事举办期间，举办地消费大大增加，会引起物价上涨，本地居民经济负担加重。

体育赛事的举办导致举办城市非受益人群生活受损。赛事筹备期间，场馆建设、道路施工影响本地居民的出行；比赛期间，交通管制造成交通拥挤，空气污染、噪声污染等环境恶化会降低居民的幸福感。

大型赛事后场馆设施的利用率不高，场馆、宾馆、旅游资源造成闲置。比如 2004 年雅典奥运会后，30 多个奥运场馆闲置多年，每年填补上亿欧元的维护费用。

一些赛事举办地对办赛成本估计不足，赛事运行能力欠缺，投入产出比低，增加了政府的财政压力。此外，赛事筹备期间大量资金的使用可能会滋生腐败问题。

3. 混合影响评估

混合影响就是既包括正面影响又包括负面影响。体育赛事评估过程中，既要考虑到举办体育赛事给举办城市带来积极影响，也要评估出现的负面影响。

（五）按存在形式分类

1. 有形影响评估

有形影响包括网络影响、能力影响和结构影响。

2. 无形影响评估

无形影响是不具有物质形态却拥有价值，能够给体育赛事利益相关者带来的经济效益。无形影响包括印象影响和对相关产业的影响，如体育赛事的举办有助于提升政府的形象和影响力，提升居民凝聚力和自豪感等。

（六）按持续时间分类

1. 短期影响评估

短期影响主要是指在体育赛事举办期间或者赛事结束后很短时间内带来的影响。这里的短期影响是相对长期影响而言的，但并没有严格的界限。

2. 中长期影响评估

中长期影响是在体育赛事结束后较长时间内体现出来的影响，如提高知名度、拉动经济增长、改善基础设施建设、增加社会文化活动。

需要注意的是，这些分类结果之间是交叉的，针对某一体育赛事的评估，可以从不同的分类指标进行归类。比如，2022 年 10 月，澳大利亚墨尔本举办国际马拉松带来的大量人流造成城市的交通拥挤，可以从社会文化影响、赛中影响、负面影响、无形影响、短期影响等不同角度进行评估。

三、体育赛事评估的内容

体育赛事具有复杂性、外部性和综合性的特点，体育赛事评估涉及的内容较多，对体育赛事的评估也需要从不同角度进行。本书从赛前评估、赛中评估及赛后评估三方面分析体育赛事评估的内容。

（一）赛前评估（可行性研究）

体育赛事赛前评估是决策主体在决定选择举办或申办赛事之前，通过调查、研究与赛事有关的自然、社会、经济资料，分析、比较可能的投资方案，预测、评估举办该赛事的社会、经济效益，并在此基础上，综合论证举办赛事的必要性，经济上的合理性，赛事承办条件上的可能性和可行性，为赛事投资和决策提供科学依据的系统性工作。

赛前评估主要发生在项目的规划与策划阶段，目的在于评判项目的可行性。赛前阶段的评估十分重要。

1. 主办方情况评估

对于赛事主办方的评估，评估内容主要有赛事组织方的组织管理水平、筹资方案的合理性、赛事的物资条件、赛事的开发与营销能力。赛事组织方要在申办赛事前对举办此赛事需要的人力、物力、财力等情况做好精心预算，尤其是经费预算，如劳务费、购买物料费、场地器材租赁费、交通费、通信费和运动员医疗保险费等。此外，应对不可预料的情况发生的流动备用资金，如音响设备搬运过程造成损坏，需要购买补齐，比赛器材因质量问题更换或丢失而产生的额外资金。

2. 赛事情况评估

对于赛事情况的评估，评估内容主要包括赛事的选择，赛事将会对社会、经济、环境产生的预期影响及赛事的可持续等方面。

3. 安全评估

赛前安全评估主要包括比赛场地的布置、比赛器材是否符合安全要求、饮食卫生状况，以及运动员及裁判员住宿环境及条件、交通便利情况、比赛项目安排顺序、医疗及救护人员安排和运动员受伤处理等内容。

（二）赛中评估

赛中评估具有项目执行的"监控"或"跟踪"性质，具有阶段性和持续性特征，主要目的是保证赛事活动在正常轨道上进行。为了成功举办赛事，在赛事计划执行时间内需要持续不断地进行评估、反馈，以便和目标保持一致。

考察赛事筹备阶段、营销阶段及赛事举办阶段的管理、决策行为、时间节点是否与既定目标保持一致，以便及时发现问题、解决问题。

1. 赛事筹备阶段评估

对赛事筹备阶段的评估，主要是对体育赛事过程中涉及的赛事部门（竞赛部、媒体部、票务部、市场营销部等）进行梳理。

主办方在赛事筹备阶段工作内容具体包括比赛设施的建设和准备、相关环境和基础设施的改进、比赛志愿者的招募与培训以及赛事主办方其他部门的工作安排。

例如，黄山业余自行车赛连续举办多年，道路的修建改造工作逐渐改善了黄山市整体交通条件。到 2015 年 5 月，绿道建设长度约 400km。多条绿道的建成，不仅将众多旅游景点串联起来，也优化了骑行环境，为骑行提供了优质的保障。

2. 营销阶段评估

营销阶段的评估主要是考察赛事组织方在营销活动方面的工作，是否组织了较为有效的营销活动、媒体报道和宣传、与赛事相关的文化活动、广告投放等。

如今，已进入互联网时代，体育营销要以数据为导向，赛事与品牌相融合，采用体验式营销、沉浸式营销、影响者营销等多种营销方式，利用社交媒体不断创造价值。

2016 年伦敦视觉分析公司宣布，在 2015—2016 年赞助英格兰足球超级联赛赛季夺冠的莱斯特城，虽然球衣赞助总赞助费只有 100 万英镑，但在社交媒体上创造了 1 530 万英镑的收益。

3. 赛事举办阶段评估

赛事的举办阶段是整个赛事内容的体现，也是各方面工作最集中的阶段，在一切工作都进入正轨之时，对赛事举办阶段的评估内容主要集中在赛事组织方对整个赛事的把控和对突发事件的应对处置方面等。

此外，在赛事实施期间对组织团队和个人的绩效评估，主要包括人员在以上工作中体现出的素质、工作行为、表现、工作任务完成情况，以及沟通状况等。

（三）赛后评估

赛后评估是体育赛事结束后对整个赛事的目标、执行过程、效益、作用和影响等进行系统和客观的分析总结，具有总结性特征。

赛后评估并不是赛事结束后的简单回顾，而是，根据既定赛事目标对整个赛事进行全方位的评估。赛后评估活动不仅可以满足利益相关者的需求，而且赛事的经验教训对今后的赛事活动具有借鉴作用。

赛后评估是在比赛结束后对赛事产生的一系列结果进行评估，主要包括赛事结果，赛事对社会、经济及环境产生的影响。

1. 赛事结果评估

赛事运作中，体育组织对赛事的评估是非常重要的评估部分。具体包括赛事整体评估、基础设施和设备、组织比赛和训练安排等。对赛事本身的评估，主要内容包括电视（网络）播放场次、赛事网站运营情况、赛事的结果是否与既定目标一致、赛事财务状况、观众满意度进行分析。

2. 社会影响评估

体育赛事社会影响评估是指体育赛事的举办对整个社会的影响，如赛事对体育事业的发展、居民的态度、整个城市凝聚力发挥的作用。

从影响效果上看，赛事对社会影响可以分为积极影响和消极影响。积极影响包括促进体育事业发展、增强居民的自豪感和提高居民生活质量等。

体育赛事对体育事业发展的促进作用表现在宣传和弘扬体育精神、人们体育意识和价值观念的提升、运动项目的推广和技术的提高、培养体育人才等。居民自豪感是指举办地居民因为体育赛事在本地举办而产生的一种对本地区和民族的骄傲之情。居民生活质量包括物质生活和精神生活两个层面。例如，2014年南京青奥会的举办有效提高了南京民众的文明素质，培养人们开放、进取、创新的精神。

消极影响包括影响居民的正常生活，增加安全隐患。赛事举办期间，人员聚集，使居民正常生活受到打扰，造成交通拥挤、噪声污染等负面影响。

3. 经济影响评估

体育赛事经济效益的评估，是体育赛事管理效益评估的核心内容。体育赛事的经济影响是指由于体育赛事的举办引起举办地基础设施投资、住宿餐饮消费、城市旅游业、商业贸易等方面的变化，对举办地产出、收入、就业水平等经济指标产生影响，核心是体育赛事给举办地带来了新消费。

体育赛事对经济产生直接和间接的影响，也要对这些影响进行评估。

（1）直接影响

直接的经济影响有赛事的运营收入、赛事利润、政府税收收入等。

赛事的运营收入主要包括体育赛事门票收入、体育赛事电视转播权收入、体育赛事赞助收入、体育赛事纪念品销售收入、体育赛事其他收入等。

举办赛事的实施效果（或效益）评估是赛事举办方对赛事自身的成本与收益进行评估。具体评估指标包括资金收益率、净现值、利润率等。

体育赛事的举办给举办地政府创造的税收收入是体育赛事对经济影响的一个重要方面。2004年上海举办的世界一级方程式锦标赛中国大奖赛，仅门票销售就给上海带来1 240万元税收收入。

（2）间接影响

间接的经济影响有举办地居民收入水平、举办地就业水平、本地区生产总值等。

举办体育赛事一般会带来举办地居民收入的增加，这也是衡量体育赛事经济影响的一个重要指标，体育赛事给举办地带来新的资金，这些资金通过外来人员和赛事组织者的消费行为流入举办地各个产业，带动了相关产业销售量的增加，从而增加了相关产业工作人员的收入，促进举办地居民收入的增加。

对于一个城市或地区来说，体育赛事带动就业水平的上升，如体育赛事期间需要保洁员、志愿者、医务人员、油漆工、管道工。此外，体育赛事的举办可以刺激、带动餐饮、旅游、运输、教育等相关产业的发展，也间接创造了就业岗位，增加了就业人数。

例如，2014年南京承办青年奥林匹克运动会，使市内道路、城市间交通、市政、信息基础设施、电力、环保、防灾减灾等设施的投入增大，不仅迅速改善原有城区格局，也提供了大量的市场机会。

一个地区的经济增长，主要由当地地区生产总值GDP的增长值反映。体育赛事对举办地GDP的影响可以反映在体育赛事举办前期、中期、后期三个阶段，前期主要是基础设施建设拉动GDP的增长，中期主要是赛事组织者、观众、游客的消费拉动GDP的增长，后期主要是城市知名度和形象提升带来的投资拉动GDP的增长。

4. 环境影响评估

按照事物的两面性，体育赛事环境影响评估应分为正面影响与负面影响。正面影响包括促进城市环境治理、提升环保理念等；负面影响包括环境污染、资源消耗等。

正面影响主要是以举办体育赛事为契机，通过对城市环境进行综合治理、对居民进行环保知识宣传等手段，提升当地居民环境保护意识和环保理念，达到改善城市环境的目的。

负面影响是体育赛事筹备期间，场馆基础设施建设造成举办地生态破坏、环境污染，赛事举办期间人口增加对资源的消耗等。这些对城市环境质量的提高与生态环境的持续发展会起到负面影响，都是赛事评估应该考虑的问题。

在实际管理中，由于不同目的和目标赛事的存在，赛事评估的具体内容应该根据不同利益相关者的评估需求而定。赛事评估不光是赛事管理者的任务，它具有广泛性，表现在赛事各个参与者对赛事的评估，特别是对涉及自身利益的评估上。

体育赛事评估可以展现体育赛事的基本概况和重要统计结果，为体育赛事的参与者提供现状描述和信息反馈，并据此改进赛事运营状况和提高赛事服务质量。

第二节　体育赛事评估的原则、方法与流程

评估是指通过仔细研究和评价以确定对象的意义、价值或状态的过程。评估是人类思考和认知过程中基本要素之一。对某一事物进行评估的基本目的有两个：一是对对象的价值或质量进行总体评价以便对其进行总结或为决策提供参考；二是找出评估对象的问题，并给出解决方案。

一、体育赛事评估原则

（一）系统性原则

在体育赛事评估中，要全面系统评估体育赛事的各个方面，最终给出体育赛事的整体评估。体育赛事的评估工作需要考虑自然、经济、社会、市场等因素，不能脱离外部环境进行评估，得全面、客观地反映赛事的状况。单独地对赛事进行评估则有失客观性，不能全面准确地掌握赛事的真实情况。评估者要全面考虑问题和收集信息，系统地确定评估指标体系并综合评估体育赛事项目。

（二）客观性原则

在体育赛事项目评估中，需要遵循客观规律，讲求公正与科学，切不

可带有主观随意性。评估者必须从体育赛事项目实际情况出发，找出体育赛事管理的客观规律，深入调查，积极获取材料，全面掌握赛事的信息，不能随意掺杂主观意志。

（三）规范化原则

在体育赛事项目评估中，所使用的方法和程序应该符合统一规范的基本程序和要求，主要包括体育赛事项目评估的规范方法、规范参数和指标，以及规范评估程序和步骤等。

（四）适用性原则

体育赛事评估涉及指标的选取，需要考虑评估方式、评估时间、评估成本等因素，指标应尽量适用体育赛事，简明且易于理解，便于操作，保障评估过程和结果准确、高效。

（五）优选原则

优选原则，也叫比较择优原则，是用来衡量决策是否为两个以上方案优选的结果。如果没有两个以上的方案可供选择，就不断优化备选方案。进行体育赛事项目评估工作，要对多个备选方案进行比较，分析和优化选择的步骤和工作，而且不应该只对单个体育赛事项目方案进行评估，而应对多个体育赛事项目备选方案进行评估和优化。

（六）投入产出原则

体育赛事项目必须从投入和产出两个方面进行全面的评估，也就是说不能单纯地强调或突出体育赛事项目效益产出而忽视体育赛事项目投入成本。体育赛事项目要以控制成本投入为前提，以较小的成本投入去获得较大的收益产出为目的，坚持全面评估。

（七）持续性原则

体育赛事评估应讲求持续性原则，有些体育赛事会定期举办，如连续对一个赛事进行横向与纵向评估，能够清楚地呈现出该项赛事的举办情况和发展轨迹，为体育赛事的持续健康发展提供参考依据，在此基础上进行改进和提升。单独的体育赛事评估只能够体现该项赛事在某时间点的影响，而持续性的评估则为该项体育赛事提供纵向对比。

二、体育赛事评估方法

在体育赛事评估中，常用的方法有比较法、比例法、书面描述法、关键事件法、评分表法等。

（一）比较法

比较法是将不同时期、不同体育赛事或不同体育赛事组织者之间经营情况进行指标对比，发现存在的问题及差异。例如，将体育赛事经营的实际指标与计划指标进行比较，今年的体育赛事经营指标与往年同类赛事经营指标相比较。

（二）比例法

比例法是通过计算体育赛事经营过程中有关指标之间的比例关系，比较各种比率之间的差异或变化，以分析体育赛事经营绩效。比例法有结构比例法和时期比例法。

1. 结构比例法

结构比例法是指某项经济指标的各个组成因素占该指标总值的比例，用以分析该项指标内部各因素的变化，从而掌握该指标的特点，作为调整经营方式的依据。

2. 时期比例法

时期比例法是将不同时期的同类指标进行比较，并以不同时期之间的比例数分析该项指标变化的特点。

（三）书面描述法

书面描述法是一种比较简单的评估方法，评估者通过观察、监测、分析，运用叙述性的语言，描述赛事管理的整体概况、效益、影响、经验和教训，以及赛事运作管理机构、人员及部门的绩效等。

（四）关键事件法

关键事件法是一种基于行为表现的评估方法，评估者将注意力集中在那些区分有效和无效工作的关键行为方面。关键事件法有三个重点，一是观察，二是记录，三是判断何为决定工作成效的关键行为。关键事件法主要用于对个人工作绩效的实时监测和及时反馈，也可以用来对赛事管理流程是否合理、高效进行评估。

关键事件法更适用于对赛事运作过程的评估，有助于改善赛事管理流程，提高人员运作效率。而对于赛事结束阶段，关键事件法则较少使用。

（五）评分表法

评分表法是体育赛事评估中常用的评估方法，它主要用于调查和了解赛事利益相关者对赛事的态度、认知和情感。常用的评分表有李克特五级量表，每个定位点用来代表受调查者对序数据的认可或不认可程度。评分表法的优点在于比较客观，对于评估者的依赖比较少，而且便于做定量统计和分析，它的难度在于评分表中对评分因素的设置，而且参与评估者只能给出简单的评分，无法就具体事件给出更为详细的信息。

体育赛事评估的方法还有很多，如确定各项指标权重的德尔菲法、层次分析法、客观赋值法等。只使用一种评估方法很难达到好的效果，通常针对评估对象和评估内容选择多种评估方法。

三、体育赛事评估流程

在组织体育赛事评估时，应确定评估的整个流程。一般体育赛事评估流程如下：

（一）确定评估主体

赛事主办方需要根据自身的人、财、物条件以及实际需要选择由谁来完成评估工作。常用的方式有两种：

1. 自我评估

自我评估就是赛事主办方（或组织内部的职能部门）组织人员进行评估。

2. 评估机构评估

评估机构评估是将评估工作委托给专业的评估机构或评估公司。大多数赛事采用评估机构评估的方式。委托独立的体育赛事评估机构进行专业的评估，是市场化与商业化发展的结果，这种第三方角度的评估论证工作能有效地避免方法过程上的主观性和结果上的偏颇，保证评估的客观与科学。

（二）确定评估内容及对象

1. 评估内容

体育赛事的影响面非常广泛，涉及的领域较多，因此在体育赛事评估实施前，必须明确赛事评估的内容和计划。体育赛事评估的内容通常以任务书的形式确定，具体包括评估的目的、范围、内容、方法、指标、时间、资金预算等。

对体育赛事内容的评估主要由赛前评估、赛中评估及赛后评估三部分组成，每一部分由不同的内容构成（见本章第一节）。

2. 评估指标

在确定体育赛事评估的内容后，根据选定的评估内容来选取评估指标和标准，不同的评估内容，指标选取也不同，应根据实际情况选取评估指标。

例如，《第二届"一带一路"中国四明山百公里山地户外运动挑战赛暨2019CHINA100山地越野系列赛赛事绩效评估报告》中将绩效评估设置的评估指标体系分为4个层次。其中一级指标分为投入、过程、产出、效果4个指标；二级指标包括项目立项、资金落实、业务管理、项目产出、项目效果等指标；三级指标在二级指标基础上根据项目情况进行了再次细分。

又如，《2019年上海市体育赛事影响力评估报告》中将评估体系分为关注度、专业度和贡献度三个维度。

3. 评估对象

在确定评估对象时，将评估对象分为对"事"和对"人"的评估两个方面。对事的评估主要是对体育赛事中具体工作情况的评估，而对人的评估主要是对赛事中工作人员和工作团队的绩效评估。在确定具体评估对象后，才能够以评估对象为指导，进行接下来的评估工作。

（三）信息资料收集

体育赛事评估需要收集多方资料，评估的结果须建立在内容真实、数据可靠的资料基础之上。收集整理资料过程耗时长、花费大，也容易出现差错。为保证数据质量，一般开始收集整理工作进行之前，对工作人员进行培训。

1. 数据与资料

信息通常包括数据与资料两个部分。数据是可以量化的，而资料通常是指需要作出主观判断分析的信息。体育赛事评估的基本资料包括赛事运作方案、赛前评估报告、赛事可行性报告、赛事审批文件、体育赛事自我评估报告、赛事结束报告、赛事财务审计报告、赛事预算调整报告等。

2. 信息资料收集方法

常用的数据信息与资料的收集方法有调查访谈（获取一手资料）、二手资料收集、召开专门会议等。

调查分析的任务包括赛事的实施情况、赛事目标的实现情况、赛事目标的合理性、赛事的作用和影响等。

运用调查方法收集数据，首先要确定样本范围（样本总体），再确定抽样方法并展开调查。要确定总体样本的范围，评估者先要对赛事影响波及的空间地理范围有比较确切的了解。在这个基础上，根据实际需要与资源条件确定样本量与抽样方法。

调查方法包括面对面访谈、电话访谈、邮寄问卷、放置问卷收集箱、现场"拦截式"发放问卷、在线调查等。不同的调查方法各有优缺点（表8-1）。

▶ 表8-1 调查方法比较

方法	优点	缺点
面对面访谈	答复率高 可以采用开放式提问 可以获得比较完整的信息 调研人员可以适时观察被调查者的反应	费用较高 对调研人员素质要求比较高 被调查者有时不愿意回答私人问题 调研人员的主观想法容易传递给被调查者，会影响调研结果
电话访谈	调研成本较低 对调研人员的要求相对较低 可在最短的时间内获得消息	必须有被调查者电话 交谈时间较短，询问必须简单 如果在较大的市场区域进行，费用较高 难以建立长久的联系 无法进行面对面交流，难以观察被调查者的真实反应
邮寄问卷	调研成本低 被调查者可以轻松回答问卷 被调查者可以根据自己的真实意愿回答问题 被调查者在回答问题的过程中不受调研人员的主观影响	回收率低 难以获得适宜的邮寄名录 如果回收率太低，则人均答复费用较高 所有被调查者必须按照问卷逐一回答问题，使得问卷和问题有时会失去针对性，降低了调研的灵活性

续表

方法	优点	缺点
放置问卷收集箱	回收率比邮寄问卷高 其他优点同邮寄问卷和面对面访谈	被调查者范围受限成本较高
现场"拦截式"发放问卷	在判断被调查者对服务质量、设施和设备的满意度时尤其有用	回复率比较低
在线调查	成本低 反馈快 覆盖面广，不受时空限制	被调查者范围受限制 虚拟环境，真实性差，使调研人员无法了解被调查者的真实情况

（四）数据整理分析

针对体育赛事资料收集的结果主要进行以下几个方面的分析：

1. 赛事实际情况分析评估

赛事实际情况分析评估主要分析赛事的成功程度和原因，赛事运营情况评估，赛事财务评估情况，赛事对周边经济影响的评估，赛事目标实现情况和赛事成败经验等。

2. 赛事前后评估结果的对比分析与评估

赛事前后评估结果的对比分析与评估主要是比较赛前评估和赛后评估结果中各项指标的差异，分析造成这些差异的原因，比较赛前评估和赛后评估的有效性及可信度等。

3. 赛事未来发展预测的分析与评估

赛事未来发展预测的分析与评估主要分析赛事可持续发展情况，赛事经验教训和赛事未来发展对策等。

（五）撰写评估报告

撰写评估报告是赛事评估的最后一步工作，它是体育赛事管理评估结果的汇总，评估结果需要以系统而完整的文字或电子文档的形式呈现，并形成最终的评估报告。

评估报告必须真实可靠。报告的内容既包括定性部分，又包括定量部分。定性部分应以事实为依据，定量部分应依靠真实的数据，评估报告的结果须直观而准确地展现出来，避免报告内容泛泛而谈，或出现内容上的错漏。

体育赛事评估报告中应包括摘要、赛事概况、评估内容、主要问题、原因分析、经验教训、结论与建议、评估方法说明及评估结论等内容。

第三节 体育赛事评估报告的撰写

从赛前评估到赛后评估，赛事评估过程不断优化赛事评估模型，科学、系统地测算体育赛事的综合影响力，提高了赛事评估能力。有效运用现代科学技术建立体育赛事评估体系，客观评估体育赛事的价值，为今后承办体育赛事进行赛事评估规划提供参考依据，为发展体育产业分享经验，提高体育赛事组织管理水平，推动体育赛事高质量发展。

一、体育赛事评估报告的结构

（一）标题与摘要

1. 标题

评估报告的标题是不可缺少的内容。一般标题有公文标题法、文章标题法两种类型。

公文标题法由评估内容、文种、被评估单位的名称、适用年度组成。例如：

第二届"一带一路"2019 中国四明山百公里山地户外运动挑战赛
赛事评估报告

文章标题法有单行标题和正副标题两种。例如：

"宁波银行余中支行"杯第二届"一带一路"中国四明山百公里
山地户外运动挑战赛暨 2019CHINA100 山地越野系列赛
（中国·宁波·余姚）赛事绩效评估报告

2. 摘要

评估报告摘要应当提供评估业务的主要信息及评估结论。摘要是评估报告的开头部分。体育赛事评估报告的摘要部分，要交代赛事评估的目的、人员组成、时间安排等事项。摘要应写得简练、概括。

比如，上海市体育局、上海体育学院（今上海体育大学）联合发布《2019年上海市体育赛事影响力评估报告》，数据显示，2019年上海举办的12项具有代表性的重大体育赛事共带来30.9亿元的直接消费，相关产业拉动效应超过102亿元。

（二）正文

正文是赛事评估报告的核心部分。该部分应写得翔实、具体，有理有据，避免泛泛而谈，出现错漏。

1. 评估背景（赛事概况）

比如，《第二届"一带一路"中国四明山百公里山地户外运动挑战赛暨2019CHINA100山地越野系列赛赛事绩效评估报告》的评估背景中介绍了赛事举办方、承办方、赛事概况。

"宁波银行余中支行"杯第二届"一带一路"中国四明山百公里山地户外运动挑战赛暨2019CHINA100山地越野系列赛（中国·宁波·余姚）由中国登山协会、宁波市体育局和余姚市人民政府主办，由余姚市文化和广电旅游体育局（以下简称"文广局"）、北京酷赛同策体育文化传播有限责任公司（以下简称"酷赛公司"）承办。本次赛事于2019年11月9—10日举行，分为专业越野组及群众登山组两大组，其中专业越野组分为100公里（男、女）、50公里（男、女），控制人数600人；群众登山组分为22公里、14公里，控制人数400人。赛事起点设在四明湖玉兔岛，终点设在梁弄镇横坎头村村委，沿途路线主要围绕四明山风景区，分别涉及梁弄、大岚、四明山、鹿亭等4个乡镇，贯穿包括浙东抗日根据地、丹山赤水、森林公园、仰天湖等主要风景点。100公里组实际距离102公里，累计爬升5 514米，50公里组实际距离56公里，累计爬升2 635米。100公里组设9个补给点，50公里组设5个补给点，所有补给点（符号CP表示）即为检查点和医疗点。

拓展阅读："宁波银行余中支行"杯第二届"一带一路"中国四明山百公里山地户外运动挑战赛暨2019CHINA100山地越野系列赛（中国·宁波·余姚）赛事绩效评估报告

2. 评估对象

以《2019年上海市体育赛事影响力评估报告》为例，评估对象为2019年上海市举办的163项国际国内体育赛事。

3. 评估范围

以《第二届"一带一路"中国四明山百公里山地户外运动挑战赛暨

拓展阅读：《2019年上海市体育赛事影响力评估报告》（节选）

2019CHINA100山地越野系列赛赛事绩效评估报告》为例，主要评估本次赛事的专项资金项目使用情况、赛事组织情况及取得的成效，同时总结经验做法、发现赛事组织中存在的问题并提出改进意见，有助于提升赛事质量。

4. 评估依据（评估指标体系）

以《2019年上海市体育赛事影响力评估报告》为例，上海市体育赛事影响力评估体系包括关注度、专业度和贡献度三个维度。其中，关注度是指外界（媒体、受众）对体育赛事的关注程度、赛事引发的传播效应、赛事为上海创造的传播价值；专业度是指上海市体育赛事在组织管理、运营服务等各方面展现的专业程度；贡献度是指体育赛事的举办对上海市经济增长与社会发展所产生的影响。

5. 评估方法

以《第二届"一带一路"中国四明山百公里山地户外运动挑战赛暨2019CHINA100山地越野系列赛赛事绩效评估报告》为例，评估方法如下：

（1）目标比较法

目标比较法指通过对财政支出产生的实际效果与预定目标的比较，分析完成目标或未完成目标的原因，从而评估绩效的方法。

（2）因素分析法

因素分析法指通过列举所有影响成本与收益的因素，进行全面、综合的分析，从而得出评估结果的方法。

（3）问卷调查法

问卷调查法指通过设计不同形式的调查问卷，在一定范围内发放，收集、分析调查问卷，进行评估和判断的方法。

（4）询问查证法

询问查证法指评估人员以口头或书面、正式或非正式会谈等方式，直接或间接了解评估对象的信息，从而形成初步判断的方法。

在运用评估方法时，各种方法交叉使用，使定量指标与定性指标相结合。

6. 结论：综合评估情况、主要经验、问题、建议

以《第二届"一带一路"中国四明山百公里山地户外运动挑战赛暨2019CHINA100山地越野系列赛赛事绩效评估报告》为例，评估组对项目实施后所取得的绩效情况进行总结，根据评估指标体系进行评估，本项目绩效评估最终得分为 90.47 分。

（1）主要经验

赛事工作责任到人、合理改进赛事安排、增设赛事摄影比赛、增加赛事后期评估。

（2）存在的问题和建议

存在的问题主要是赛事对接工作尚有纰漏、物资补给不够充分、报名启动时间需提前、赛事直播效果不尽如人意。

提出建议：调整物资供应品种，保证参赛物资供应；尽早启动赛事报名，加强赛事责任沟通；调整赛事宣传方式，调整赛事直播方案。

7. 特别事项说明

（三）附件

与正文有关的数据、图片、表格等内容。以《2019 上海市体育赛事影响力评估报告》为例，如表 8-2。

▶ 表 8-2 2019 上海赛事落地区域

行政区域	赛事数量 / 个	数量占比 / %
浦东新区	27	16.56
黄浦区	12	7.36
徐汇区	6	3.68
长宁区	4	2.45
静安区	10	6.13
普陀区	7	4.29
虹口区	9	5.52
杨浦区	11	6.75
闵行区	9	5.52
宝山区	6	3.68
嘉定区	23	14.11
奉贤区	6	3.68

续表

行政区域	赛事数量 / 个	数量占比 / %
松江区	11	6.75
金山区	5	3.07
青浦区	10	6.13
崇明区	7	4.29

（节选自《2019年上海市体育赛事影响力评估报告》）

二、撰写的体育赛事评估报告注意事项

（一）摘要要简练

摘要是评估报告的开头部分。体育赛事评估报告的摘要部分，要交代赛事评估的目的、人员组成、时间安排等事项。摘要应简练、概括。

（二）撰写人要参与评估工作

撰写人应该是评估成员中的一个，自始至终参加评估工作的全过程，以利于搜集材料，把握评估基调，对整体工作做出评估，否则就不能很好地完成撰写任务。

（三）评估目标要明确

评估目标是撰写评估报告的根本，评估标准体系是撰写评估报告的主要尺度。只有评估目标明确，评估标准科学，才能写出高水平的评估报告，否则就是无的放矢、任意乱评。

实训与思考

实训练习

请扫描二维码查看案例。

1. ZJ银行2019年职工乒乓球比赛存在哪些不足？请结合实际对该项比赛进行赛后评估。

案例：ZJ银行职工乒乓球比赛

2. 受新冠疫情影响，ZJ银行2020年职工乒乓球比赛计划推迟到11月中旬，请试着完成ZJ银行2020年职工乒乓球比赛赛前评估工作。

3. 试从体育赛事中的特殊情况可能导致相关利益者经济损失的角度，分析体育赛事对经济的负面影响。

思考题

1. 简述体育赛事评估的意义。
2. 简述体育赛事评估的流程。
3. 简述体育赛事评估报告撰写的注意事项。

参考文献

［1］安俊英，黄海燕，陶倩．体育赛事对举办城市环境影响评估研究［J］．成都体育学院学报，2013（2）：31-35．

［2］安妮，李琳琳，王作勇．体育社会学［M］．哈尔滨：黑龙江教育出版社，2011．

［3］曹可强，刘清早．体育赛事运作［M］．北京：高等教育出版社，2015．

［4］陈超．奥运会的收支体系及经济效益分析［J］．商场现代化，2008（4）：339-340．

［5］陈帅．我国大学生体育赛事项目管理研究［D］．吉林：东北师范大学，2012．

［6］陈锡尧．申办重大国际体育赛事及基本策略的研究［J］．广州体育学院学报，2007（3）：65-67，54．

［7］陈云开．赛事经营管理概论［M］．上海：复旦大学大学出版社，2003．

［8］丛湖平，罗建英．体育赛事产业区域核心竞争力形成机制研究［M］．杭州：浙江大学出版社，2011．

［9］董杰，刘新立．体育赛事的风险管理研究［J］．武汉体育学院学报，2007（5）：28-32．

［10］樊智军．体育赛事的组织与管理［M］．北京：人民体育出版社，2007．

［11］范道津，陈伟珂．风险管理理论与工具［M］．天津：天津大学出版社，2010．

［12］唐乐．夏季奥运会门票定价的影响因素研究［D］．北京体育大

学，2007.

　　［13］高雪峰，刘青．体育管理学［M］．北京：人民体育出版社，2009.

　　［14］黄海燕，张林．体育赛事经济影响的机理［J］．上海体育学院学报，2009（4）：5-8.

　　［15］黄海燕．体育赛事管理：理论与实践［M］．北京：人民体育出版社，2012.

　　［16］黄海燕．体育赛事综合影响的事前评估研究［D］．上海：上海体育学院，2009.

　　［17］霍德利．体育赛事风险的识别与评估［J］．沈阳体育学院学报，2010，29（6）：58-61.

　　［18］霍德利．体育赛事风险评估与应对策略研究［J］．天津体育学院学报，2011，26（1）：49-53.

　　［19］纪宁，巫宁．体育赛事的经营与管理［M］．北京：电子工业出版社，2004.

　　［20］金冬星．影响 CUBA 与 CUBS 发展因素的研究［D］．济南：山东师范大学，2009.

　　［21］李兵，徐颂峰．体育赛事选择与确定环节的主要任务探析［J］．长沙大学学报，2017，31（5）：154-157.

　　［22］李海，姚芹．体育赛事管理［M］．重庆：重庆大学出版社，2017.

　　［23］李南筑，袁刚．体育赛事经济学［M］．上海：复旦大学出版社，2006.

　　［24］李万来．体育公共关系概论［M］．北京：人民体育出版社，2005.

　　［25］李晓霞．当代社会体育赛事流程策划研究［M］．北京：中国农业大学出版社，2018.

　　［26］李颖川．体育蓝皮书：中国体育产业发展报告（2019）［M］．北京：社会科学文献出版社，2020.

　　［27］李颖川．体育赛事经营管理［M］．北京：人民体育出版社，2008.

　　［28］梁华伟．体育赛事组织与管理［M］．上海：上海交通大学出版社，2019.

　　［29］刘宏扬．中国大学生高水平女子篮球运动员（东南赛区）"体教结合"发展状况的调查研究［D］．南昌：南昌大学，2015.

　　［30］刘吉峰．体育赛事营销推广与门票定价策略分析［J］．价格月

刊，2014（3）：44-48.

［31］刘健，高岩.体育赛事风险特征及分类研究［J］.成都体育学院学报，2011，37（4）：5-8.

［32］刘清早.体育赛事市场开发［M］.上海：复旦大学出版社，2013.

［33］刘清早.体育赛事运作管理［M］.北京：人民体育出版社，2006.

［34］刘清早.体育赛事运作管理实务［M］.北京：人民体育出版社，2011.

［35］刘雅巍.上海ATP1000网球大师赛与长海城市发展互动关系研究［D］.南京：南京体育学院，2013.

［36］庞华玮.马拉松价值"链"浮水品牌营销布局新"风口"［N］.21世纪经济报道，2018-1-15.

［37］彭静.体育赞助整合营销传播策略研究［J］.成都工业学院学报，2019，22（3）：85-89.

［38］沈佳.体育赞助［M］.上海：复旦大学出版社，2012.

［39］谭泉.济南联通农村市场竞争策略研究［D］.南京：南京邮电大学，2012.

［40］陶卫宁.体育赛事策划与管理［M］.重庆：重庆大学出版社，2015.

［41］田刚.大型体育赛事项目管理研究［D］.南京：南京理工大学，2008.

［42］田雨普.奥运会的收支体系及经济效益分析［J］.体育学刊，2005（6）：11-14.

［43］田雨普.大型体育赛事的经营管理［M］.北京：人民体育出版社，2007.

［44］王家宏.运动选材学运动训练学运动竞赛学［M］.桂林：广西师范大学出版社，2005.

［45］王守恒，叶庆晖.体育赛事管理［M］.北京：高等教育出版社，2007.

［46］王天阳.当代我国体育赛事营销发展策略研究［D］.长沙：湖南师范大学，2019.

［47］王婷婷.我国中小型国际货运代理企业竞争策略研究［D］.大连海事大学，2012.

［48］王永森．中美高校篮球赛事运行模式的比较分析［D］．沈阳：东北大学，2013．

［49］王云飞，黄海燕，杨丽丽．大型国际体育赛事申办决策指标体系研究［J］．上海体育学院学报，2012，36（5）：1-5．

［50］韦见凡．制约CUBA发展的现状研究［D］．北京：北京体育大学，2005．

［51］吴磊．我国竞技篮球运动内外环境的研究［D］．曲阜：曲阜师范大学，2009．

［52］西宗凤，楼小飞，李维涛．基于产品生命周期的体育赛事营销策略［J］．上海体育学院学报，2008（03）：14-17，33．

［53］肖林鹏，叶庆晖．体育赛事项目管理［M］．北京：北京体育大学出版社，2005．

［54］徐淑斐，徐培文．体育赛事特许产品的经营与开发［J］．武汉体育学院学报，2008（9）：38-40．

［55］杨铁黎等．商业性体育赛事风险管理［M］．北京：北京体育大学出版社，2010．

［56］姚颂平．关于大型体育赛事选择的思考［J］．上海体育学院学报，2010，34（2）：1-3．

［57］叶庆晖．体育赛事运作研究［D］．北京：北京体育大学，2003．

［58］于美娜．论我国体育赛事门票定价的影响因素和策略［D］．上海：上海师范大学，2007．

［59］张丰豪，周玉达．社会体育赛事运作及其全面管理［M］．上海：上海交通大学出版社，2019．

［60］赵鹏．体育赛事对太原市城市竞争力的影响研究［D］．山西：山西大学，2012．

［61］钟泽．新时期我国竞技体育评价指标体系的构建［J］．沈阳体育学院学报，2010，29（1）：41-43．

［62］朱洪军．我国大型体育赛事筹委会组织协调机制研究［J］．首都体育学院学报，2014，26（4）：349-353，379．

郑重声明

高等教育出版社依法对本书享有专有出版权。任何未经许可的复制、销售行为均违反《中华人民共和国著作权法》，其行为人将承担相应的民事责任和行政责任；构成犯罪的，将被依法追究刑事责任。为了维护市场秩序，保护读者的合法权益，避免读者误用盗版书造成不良后果，我社将配合行政执法部门和司法机关对违法犯罪的单位和个人进行严厉打击。社会各界人士如发现上述侵权行为，希望及时举报，我社将奖励举报有功人员。

反盗版举报电话　（010）58581999　58582371
反盗版举报邮箱　dd@hep.com.cn
通信地址　北京市西城区德外大街 4 号　高等教育出版社法律事务部
邮政编码　100120

读者意见反馈

为收集对教材的意见建议，进一步完善教材编写并做好服务工作，读者可将对本教材的意见建议通过如下渠道反馈至我社。

咨询电话　400-810-0598
反馈邮箱　gjdzfwb@pub.hep.cn
通信地址　北京市朝阳区惠新东街 4 号富盛大厦 1 座
　　　　　高等教育出版社总编辑办公室
邮政编码　100029

防伪查询说明

用户购书后刮开封底防伪涂层，使用手机微信等软件扫描二维码，会跳转至防伪查询网页，获得所购图书详细信息。

防伪客服电话　（010）58582300